AF592267

CATALOGUE
DE LA TRÈS-BELLE ET PRÉCIEUSE COLLECTION
DE
PORTRAITS
ANCIENS ET MODERNES
DE
FEU MR. LE CHEVALIER *JAC.* DE *FRANCK*,
BANQUIER À VIENNE.

Première Partie.

COMPRENANT
les Portraits gravés par les maitres
A — G
dont la vente se fera
à Vienne, le 18. Février 1836
et jours suivans sous la direction de

MRS. ARTARIA & COMP.

Marchands d'Estampes, Rue Kohlmarkt No. 1151 qui distribuent le présent Catalogue et se chargent des Commissions.

Les Prix de Vente seront en Argent de Convention.

AVIS.

Il y aura peu de Cabinets de beaux Arts qui aient été formés avec plus de soins et de discernement que la superbe Collection dont nous avons l'honneur de soumettre le Catalogue aux yeux de MM. les amateurs.

Feu Mr. de Franck en formant cette Collection a surtout cherché, non seulement de l'enrichir par des pièces les plus *belles* et *rares*, mais encore de la rendre aussi *complette* que possible par la *Variété* des *Epreuves* mêmes, en sorte que de beaucoup de Portraits il parvint de se procurer des épreuves absolument *uniques* qui doivent attirer en particulier l'attention de tous les connoisseurs.

C'est donc certainement à juste titre que cette collection (qui se compose d'environ 5000 pièces) jouit de la réputation avantageuse que son fondateur a sû lui meriter, mais il est essentiel d'observer encore, que toutes les pièces se trouvent dans un état de *conservation* si *parfaite* qu'il est impossible de porter à un plus haut degré l'interêt qu'elle doit inspirer.

La vente qui se fait sous notre direction aura lieu en *trois* parties.

Les différens Portraits ont été classifiés sélon *les noms des maîtres* (en ordre alphabétique) qui les ont gravés.

Parmi les maîtres du présent Catalogue qui contient la 1ère partie comprenant les lettres *A* jusqu'à *G* inclusive nous nous bornons de citer les suivans:

ALDEGREVER. — ANDREA NICOLAS. — AUDRAN. — AUGUSTIN VENITIEN. — BALECHOU. — BERVIC. — BONASONE. — AUG. CARRACHE. — VAN DALEN. — ALB. DURER. — VAN DYCK. — EDELINCK. — GOLTZIUS. — GREEN. etc.

Les Commissions dont on voudra bien nous honorer seront exécutées avec toute l'exactitude possible.

Première Partie.

ACQUA, CHRISTOPHE DALL'.

Nro. 1 Pippi, Giulio Romano, Peintre; d'après Bottani.

ALDEGREVER, HENRI.

2 Leyden, Jean van. 1536. Bartsch, Peintre-Graveur, Tome VIII. pag. 415. Nro. 182. *Ancienne Epreuve. Rare.*

3 Knipperdolling, Bernard. 1536. Nro. 183. *Très belle Epr.*

4 Luther, Martin. 1540. Nro. 184. *Superbe Epr.*

5 Albert van der Helle. 1538. Nro. 186. *Très belle Epr.*

6 Henri Aldegrever, âgé de 28 ans. 1530. Nro. 188. *Belle Epr.*

7 Henri Aldegrever, à l'âgé de 35 ans. 1537. Nro. 189. *Belle Epreuve, signée par Mariette, très rare.*

AMLING, CHARLES GUSTAVE AB.

8 Aviano, Marcus ab. Capucin.

9 Barbier de Ganckhoven, J. Germ. Conseiller; d'après F. J. Geiger.

10 Berlodebrus, Jean Comte de. Général.

11 Höfflingen, Jean Conrad Herold ab. Conseiller.

12 Maximilien; d'après J. A. Wolff. *Superbe Epr.*

13 Oxner, François, Senateur.

14 Tilly. *Très belle et première Epr. avant les vers latins.*

15 Weiser, Charles à Neunhof.

AMMAN, JOSSE.

Nro. 16 Gaspard de Coligni. Peintre-Graveur, Tome IX. pag. 362. Nro. 17.

17 Fréderic, Evêque de Würzbourg. Nro. 18.

18 Jean Sachs. Nro. 19.

19 Portrait d'un savant. (Jean Neudorffer le vieux.) Nro. 21.

20 Leberwurst, Hans. *Très belle.*

ANDERLONI, PIERRE.

21 Appiani, André, Peintre.

22 Longhi, Joseph, Graveur.

23 Scarpa, d'après Cattaneo.

24 Leonardo da Vinci, *avant toute lettre.*

25 Castelvetro, homme de lettres. *Avant toutes lettre.*

ANDERLONI, FAUSTIN.

26 Alfieri, Vittorio; d'après G. Bossi.

27 Herder; d'après Kügelgen, *lettre tracée.*

28 Schiller; d'après le même, *lettre tracée.*

ANDREA, NICOLAS.

29 Stanislao Sabino Haeredi in Stracza, Advocato. Folio. Bartsch, *dans le Peintre-Graveur Vol. IX. pag.* 512. *n'a pas donné la déscription de ce morceau très-rare. Très belle Epreuve.*

ANSELIN, JEAN LOUIS.

30 La belle Jardinière. Mad. de Pompadour; d'après Vanloo.

ARDELL, JAMES MAC.

31 Ancaster, Mary Dutchess of.; d'après Hudson. Folio.

32 Clive, Robert Lord; d'après Gainsborough. En buste. Folio.

Nro. 33 Clive, Robert Lord; d'après le même. Figure entière. Folio. *Très belle Epr. avant la lettre.*

34 Coventry, Maria Countess of. 4to. *Epreuve rare avec le mouchoir de col.*

35 Flamingo. 4to. *Très belle.*

36 Fortescue, Lady; d'après Reynolds. Petit in-folio.

37 Grammont, Lady; d'après Lely. Folio.

38 Aaron Hart, Rabby; d'après Danbridge. Folio.

39 Jacob; d'après Reynolds. Petit in-folio.

40 James Earl of Kildare; d'après Reynolds. Petit in-folio.

41 Kildare, Emily Countess of; d'après le même. ibid.

42 Lincoln, Katharine Countess of; d'après Hoare. Petit in-folio.

43 Mazarini Mancini, Louis Jules Barbon; d'après Ramsay. 4to.

44 Middleton, Lady; d'après Lely. Folio. *Très belle Epr.*

45 Rembrandt's Mother; d'après Rembrandt. 4to.

46 Rothes, John Earl of, Général. Folio. *Avant toute lettre.*

47 Rubens's Wife. Helene Forman; d'après Van Dyck. Petit in-folio. *Superbe Epreuve avant la lettre.*

48 Rubens with his Wife and Child; d'après Rubens. Folio. *Très belle Epr.*

49 Russell, Lady Caroline; d'apres Reynolds. 4to.

50 Saunders, Charles, Amiral; d'après le même. 4to.

51 Smith Mary of Portsmouth; d'après Worlidge. Folio.

52 Woodward; d'après Hayman. Petit in-folio.

ARNOLD, FR.

Nro. 53 Chodowiecki, Daniel; d'après Graff.

AUBERT, A.

54 Baroche, F. d'Urbin; d'après lui même.

55 Matignon, Jacques, Marechal de France.

AUBERT, J.

56 Gillot, Claude, peintre; d'après lui même. *Très belle Epreuve avant toute lettre.*

AUBERT, MICHEL.

57 Louis Dauphin de France à cheval; d'après Le Sueur. Folio.

58 Louis Quinze Roy de France, à cheval; d'après le même. Folio.

AUBIN, AUGUSTIN DE SAINT.

59 Baumé, Antoine. Apoticaire; d'après Cochin.

60 Carolus, Poloniae Reg., Dux Sax. etc.

61 Condorcet, Deputé; d'après Lemort.

62 Crebillon. 8vo.

63 Crebillon. 4to.

64 Diderot; d'après Greuze. *Première et très belle Epreuve.*

65 Le même Portrait.

66 Franklin, Benjamin; d'après Cochin.

67 Gauzargues, Chanoine; d'après le même.

68 Gessner, Salomon, Poëte.

69 Helvetius; d'après Vanloo.

70 Jeliote, Pierre, Musicien; d'après Cochin.

71 Le Kain, Henri Louis; d'après Le Noir. Fol. *Superbe Epreuve avant l'inscription.*

72 Le même Portrait.

73 Lavalliere, Madame de.

74 Louis XV.

Nro. 75 Mariette, P. J.; d'après Cochin.
76 Molé, François René; d'après Aubry.
77 Montaigne, Michel de.
78 Montespan, Madame de.
79 Necker, Ministre d'Etat; d'après Duplessis.
80 Pellerin, Josephe. 4to.
81 Pierre le grand. *Première Epreuve.*
82 Pigalle, Jean Baptiste, Sculpteur; d'après Cochin.
83 Raynal; d'après le même.
84 Sevigné, Madame de.
85 Victor Amadée III., Roi de Sardaigne; d'aprés Boucheron. Folio.
86 Voltaire.

AUDINET, P.

87 Buccleuch, Henri Duc de; d'après Danloux. 4to.
88 Clery, J. B.; d'aprés le même.
89 Gordon, Adam Lord, Général; d'après le même. 4to.

AUDOUIN, P.

90 Alexandre I., Empereur de toutes les Russies; d'après Laurent.
91 Aubin, Madame de Saint.
92 Brun, Madame Vigée le.
93 Elleviou; d'après Riesener.
94 Portrait d'un Général; d'après Chatillon. Fol.
95 Marie Louise, Archiduchesse d'Autriche; d'après Bosio. Folio.
96 Mirabeau, Deputé.

AUDRAN, BENOÎT.

97 Beringhen, Henri, Ecuyer; d'après Nanteuil.
98 Clemens, Joseph, Archevêque; d'après Vivien. Folio.
99 Colbert, Jean-Baptiste; d'après Lefebure. Fol.

Nro. 100 Fenelon, François de Salignac de la Motte; d'après V i v i e n. Folio.

101 Frisching, Samuel; d'après H u b e r. 4to.

102 Goux, Charles Le, de la Berchere, Archevêque; d'après B o u l o g n e.

103 Moliere, Jean-Baptiste Poquelin de; d'après M i g n a r d. — Rainaud, Paul, Prêtre; d'après B o n n e t. Deux Estampes.

104 Valette, Louis Thomas de la.

105 Visscher, Corneille de, Sculpteur; d'après lui même.

AUDRAN, JEAN.

106 Coypel, Noel, Peintre; d'après lui même.

107 Coyzevox, Antoine, Sculpteur; d'après R i g a u d. *Première Epreuve, avant toute lettre. Très belle.*

108 Le même Portrait. *Avec la lettre.*

109 Daffincourt, Pierre Clement, Ingenieur; d'après R i g a u d.

110 Rubens, Pierre Paul; d'après V a n D y c k. Fol.

111 Portrait anonyme d'un Prince, accompagné d'un page, figure entière; d'après V i v i e n. Pièce historiée. Très grande in-folio. *Superbe Epreuve avant la lettre.*

AUGUSTIN, VENITIEN.

112 L'Archevêque de Brindes. Bartsch Peintre-Graveur Vol. XIV. pag. 376. Nro. 517. *Première Epreuve avant la retouche.*

113 Soliman II. Nro. 518. *Première et belle Epreuve.*

114 Le Pape Paul III., avec la calotte. Nro. 522. *Très belle Epr.*

115 Charles V. Nro. 524. *Première et très belle Epreuve avec l'année* 1535 *et avant la retouche.*

AVELINE, PIERRE.

Nro. 116 Chuppin, Trèsorier; d'après Autreau. *Avant la lettre.*

AVIBUS, GASPARD AB.

117 Matthiolus, Pierre André, Medecin. *Rare.*

AVRIL, JEAN-JACQUES.

118 Brizard; d'après Guiard. *Superbe Epreuve avant la lettre.*

119 Le même Portrait. *Avec la lettre.*

120 Ducis, Secretaire; d'après Guiard. *Superbe Epreuve avant la lettre.*

121 Le même Portrait. *Avec la lettre.*

BAILLIE, GUILLAUME CAPITAINE.

122 Baillie, Guillaume; Imprimée en couleurs.

123 Hals, François, Peintre; d'après lui même. *Très belle Epreuve sur papier des Indes.*

124 Monmouth, James Duke of; d'après Netcher & Wycke. *Première et très belle Epreuve.*

125 Utenbogaërd, Banquier, connu sous le nom du Peseur d'or. *Copie trompeuse d'après Rembrandt Epreuve superbe sur papier des Indes avant le chiffre du graveur.*

BALECHOU, JEAN-JACQUES.

126 Auguste III., Roi de Pologne; d'après Rigaud, grande in-fol. *Superbe Epreuve avant toute lettre, extrêmement rare.*

127 Le même Portrait. *Première et superbe Epreuve rare, avant le titre de Chevalier de St. Michel à la suite du nom de H. Rigaud et avant l'année 1750.*

128 Brühl, Henri Comte, Ministre; d'après Sylvestre. Folio.

Nro. 129 Crebillon, Prosper Jolyot de; d'après A v e d. 8vo.
130 Crebillon, Prosper Jolyot de; d'après le même. Fol.
131 Crillon; d'après V a n D y c k. 8vo.
132 Gauthier, Anne Charlotte, femme d'Aved; d'après A v e d.
133 Grillot, Jacques Gabriel, Théologien; d'après A n t r e a u. Folio.
134 Friso, Guillaume Charles Henri, Prince d'Orange etc.; d'après A v e d. Folio.
135 Julienne, Jean de, Ecuyer; d'après D e T r o y. Fol.
136 Petit, Jean Louis, Chirurgien; d'après V i g é. 8vo.
137 Philippe, Don, Infant d'Espagne; d'après V i a l j. 4to.
138 Porée, P. Car. Professeur; d'après N e l l s o n. 4to.
139 Rollin, Charles, Professeur; d'après C o y p e l. Fol.
140 Warin, Jean, Graveur; d'après L e F e v r e. 8vo.

BALLIU, PIERRE.

141 Aremberg, Comte Albert; d'après V a n D y c k. Folio.
142 Backer, Jacques, Peintre; d'après lui même. 8vo.
143 Bronchorst, Jean van; d'après lui même. 8vo.
144 Bylert, Jean, Peintre; d'après lui-même. 8vo.
145 Urfejus, Honoré; d'après V a n D y c k. 4to. *Première Epreuve avec l'adresse de Meyssens.*

BALZER, JEAN.

146 Weirotter, François Edm. Peintre; d'après G r e u x. *Avant la lettre.*
147 Le même Portrait. *Avec la lettre.*

BARA, JEAN.

148 Wassenaer, Jean Jacques van, Colonel. Folio.

BARON, BERNARD.

149 Charles the First, King of England and Henrietta Maria; d'après V a n D y c k. Folio.

Nro. 150 Charles the First, King of England, à cheval; d'après Van Dyck. Folio.

151 Mead, Richard, Medecin; d'après Ramsay. Fol.

BARTOLOZZI, FRANCIS.

152 Bartolozzi, Francis, par Menageot. 8vo.

153 Bartolozzi, Francis; d'après Reynolds, gravée par Marcuard. Grande in-quarto.

154 Bartolozzi, Francis; d'après Violet, gravée par Bouilliard. Folio. *Avant la lettre.*

155 Le même portrait. *Avec la lettre.*

156 Ageno, D.; d'après Gainsborough. 8vo. *Avant la lettre.*

157 Amelia, Princesse; d'après Laurence. 4to.

158 Arne, D. 4to.

159 Ashburton, Lord; d'après Reynolds. Folio. *La lettre tracée.*

160 Barbieri, Gio. Francesco, detto il Guercino da Cento; d'après lui-même. 4to.

161 Lady Beauclerk's Children; d'après Diane Beauclerk. 4to.

162 Beauclerk, Lady Catherine; d'après Cotes. 4to.

163 Beckford, William, Lord Major of London; d'après Carlini. Folio.

164 Bembus, Petrus; d'après Titien. 4to.

165 Bingham, Miss; d'après Reynolds. 4to. *Avant la lettre.*

166 Le même Portrait. *Avec la lettre.*

167 Blair, Hugh; d'après Raeburn. Grande in-quarto.

168 Portrait d'un Général; d'après Appiani. Fol.

169 Brunton, Miss; d'après Cosway. 8vo.

170 Bulkeley, Harriet Viscountess; d'après Cosway. 4to.

Nro. 171 Camden, Charles Earl; d'après Gainsborough. Folio.

172 Caracci, Annibale, Peintre. Petit in-quarto.

173 Caroline, Princess of Wales and the Princess Charlotte; d'après Cosway. 4to. *Très belle Epr. avec la lettre tracée.*

174 Le même Portrait. *Avec la lettre.*

175 Carriera, Rosalbae. 4to.

176 Catherine II., Empress of Russia; d'après Benedetti. Folio.

177 Charles II., Son of Charles Brandon, Duke of Suffolk; d'après Holbein. 8vo.

178 Charlotte Auguste, Princess; d'après Cosway. Folio. *Avant la lettre.*

179 Le même Portrait. *Imprimée en couleurs.*

180 Cignani, Carlo, Peintre; d'après Maratte. Fol.

181 Cignani, Carolus; d'après Ferretti. Grande in-quarto.

182 Clinton, Henri, Général; d'après Smart. 8vo. *Avant toute lettre.*

183 Le même Portrait. *Avec la lettre.*

184 Conde, Louis Joseph de Bourbon, Prince de; d'après Tott. Folio.

185 Cornwallis, Charles Earl, Général; d'après Hamilton. 8vo. *Avant la lettre.*

186 Le même Portrait. *Avec la lettre.*

187 Cornwallis, Lord; d'après Devis. 4to. *Avant la lettre.*

188 Cortona, Pietro de, Peintre; d'après Maratte. Folio.

189 Cosway, Maria; d'après R. Cosway. 8vo. *Imprimée en couleurs.*

190 Cowper, Anne Countess; d'après Hamilton. 4to.

Superbe Epreuve avant la lettre sur papier des Indes.

Nro. 191 Le même Portrait. *Avec la lettre.*

192 Devonshire, Georgiana Dutchess of; d'après Nixon. 8vo. *Avant toute lettre.*

193 Le même Portrait. *Avec la lettre.*

194 Duncannon, Lady. 4to.

195 Duncannon, Henrietta Frances Viscountess; d'après Lavinia Spencer. 4to. *Avant la lettre.*

196 Le même Portrait. *Avec la lettre.*

197 Dunning, John; d'après Reynolds. 4to. *Avant la lettre.*

198 Elisabeth, Philippine Marie Hélène de France; d'après Guiard. 8vo.

199 Elliot, George Auguste, Gouverneur de Gibraltar; d'après Poggi. Folio. *Epreuve non terminée.*

200 Le même Portrait. *Avant la lettre.*

201 Le même Portrait. *Première Epreuve avec les mots tracées:* Lord Heathfield.

202 Le même Portrait. *Avec la lettre.*

203 Evelyn, Jean. 4to. *Superbe Epreuve avant toute lettre.*

204 Le même Portrait. *Avec la lettre.*

205 Farinelli, Carlo Broschi, Chanteur; d'après Amiconi. 4to.

206 Farinelli, Carlo Broschi; figure entière; d'après le même. Folio.

207 Farren, Miss, Lady Derby; d'après Lawrence. Folio. *Avant la lettre.*

208 Le même Portrait. *Avec la lettre.*

209 Fitzgibbon, Lord, Chancellor of Ireland; d'après Cosway. 4to.

210 Foster, Lady Elizabeth; d'après Reynolds. 4to.

Nro. 211 Gainsborough, Thomas, Peintre; d'après Himself. 4to.

212 Gautherot, Mistress; d'après Violet. 8vo. *Avant la lettre.*

213 Le même Portrait. *Avec la lettre.*

214 George Prince of Wales; d'après Violet. 4to.

215 Girri Forolimiensis, Joanes Baptista. 8vo.

216 Gozzi, Poête. 8vo.

217 Haendel; d'après Cipriani. 4to.

218 Haendel; d'après le même. Folio.

219 Jane Countess of Harrington, Lord Viscount Petersham and the Lincoln Stanhope; d'après Reynolds. Grande in-quarto.

220 Hawke, Lord. 8vo. *Avant la lettre.*

221 Haydn, Joseph; d'après Ott. 4to.

222 Henderson in the character of Jago; d'après Stuart. 4to. Le tête seule. *Epreuve d'essai très rare.*

223 Le même Portrait. *Avec la lettre.*

224 Henry eldest Son of Charles Brandon; d'après Holbein. 8vo.

225 Homer, buste; d'après Bronn. 4to.

226 Juchen, Martin van, Colonel; d'après Schouman. Grande in-quarto.

227 Kauffman, Angelica; d'après Reynolds. 4to.

228 Kemble in the character of King Richard the Third; d'après Hamilton. Folio.

229 Kippis, Andrew, d'après Artaud. 4to. *Très belle Epreuve avec la lettre tracée.*

230 Le même Portrait. *Avec la lettre.*

231 Landsdown, Marquèss; d'après Gainsborough. 4to. *Avant la lettre.*

232 Le même Portrait. *Avec la lettre.*

Nro. 233 Lubomirski, Henry; d'après Cosway. 8vo.
234 Lusi, le Comte De. Folio.
235 Maggi; d'après Rebecca. 4to. *Avant la lettre.*
236 Mansfield, Earl; d'après Reynolds. Folio. *Toute première Epreuve avant les armes et la lettre.*
237 Le même Portrait. *Superbe Epreuve avant l'inscription sur papier des Indes.*
238 Le même Portrait. *Avec la lettre.*
239 Marie-Antoinette, Reine de France; d'après Barber. 8vo.
240 Marie Christine, Archiduchesse d'Autriche; d'après Roslin. Folio.
241 Marie Thérèse, Charlotte de France; d'après Kalterer. 8vo.
242 Marlborough, le Duc de, avec sa famille; d'après Shelley. *Epr. non terminée. Rare.*
243 Le même Portrait. *Avant toute lettre.*
244 Martinelli, Vincent; d'après Cipriani. 8vo. *Première Epreuve.*
245 Mary Queen of Scots; d'après Zuccheri. Folio. *Superbe Epreuve avant la lettre.*
246 Le même Portrait. *Avec la lettre.*
247 Nigris, Casparo, Veneto Episcopo. 4to.
248 Noot, Henri Charles Nicolas Van der; d'après Glim. Folio. *Avant la lettre.*
249 Le même Portrait. *Avec la lettre.*
250 Northumberland, le Duc de. 4to. *Superbe Epr. avant toute lettre.*
251 Olympica, Corilla; d'après Piattoli. 8vo.
252 Omai; d'après Dance. Folio. *Avant la lettre.*
253 Le même Portrait. *Avec la lettre.*
254 Peter the wild Boy. 8vo.
255 Pinellius, Maphaeus. 8vo.

Nro. 256 Pipi, Giulio Romano, Peintre. 4to.

257 Pisani, Aloys, Procurateur di S. Marco; d'après Pellegrini. Folio. *Superbe Epreuve avant la lettre.*

258 Pitt, William; d'après Copley. 4to.

259 Pitt, William; d'après Gainsborough. Folio. *Avant la lettre. Très Rare.*

260 Le même Portrait. *Avec la lettre.*

261 Rosalba, Signora; d'après elle-même. 8vo. *Superbe Epreuve avant la lettre.*

262 Le même Portrait. *Avec la lettre.*

263 Siddons, Mistriss. *Avant la lettre.*

264 Smyth, Lady; d'après Reynolds. 4to.

265 Spencer, Countess; d'après le même. 4to.

266 Tartarottus, Hieronym.; d'aprèsCostantini.4to.

267 Thurlow, Edward, Chancellor of Great Britain; d'après Reynolds. Folio. *Avant toute lettre.*

268 Le même Portrait. *La lettre tracée.*

269 Le même Portrait. *Avec la lettre.*

270 Wales, Prince of; d'après Russel. Folio.

271 Willis, Docteur; d'après Nixon. 4.

272 Wynne, Richard. Petite in-quarto. *Avant toute lettre.*

PORTRAITS D'APRÈS HOLBEIN.

273 Carrache, Annibal. Folio.

274 Cleve, Anna of. 4to.

275 Bollein, Anna, Queen. 4to.

276 Borbonius, Nicholas, Poeta. Folio.

277 Carow, Gawin, Knight. 4to.

278 Colet, John, Dean of St. Paul. 4to.

279 Edward, Prince of Wales. 4to.

280 Godsalue, John. Folio.

281 Guldeford, Henry, Knight. Folio.

Nro. 282 Hobbie, Philipp. Knight. Folio.
283 Howard, E. of Surrey. 4to.
284 Howard, Queen Cath. 4to.
285 Jak, Mother. Folio.
286 The Lady Mary, after Queen. Folio.
287 Mentas, Lady. 4to.
288 Montegle, Lady. 4to.
289 More, John, Thomas Mores Son. Fol.
290 Northamton, William Marquis. Petite in-folio.
291 Ormond. Folio.
292 Poines, N. Knight. 4to.
293 Rich. L. Chancelor. 4to.
294 Russell, J. Privy Seale. Folio.
295 Waramus Arch. B. Cant. Folio.

BARTSCH, CHEVALIER J. ADAM DE.

296 Bartsch, Adam de. Voyez le Catalogue des Estampes de J. Adam de Bartsch, par Frédéric de Bartsch. Pag. 10. Nro. 23.
297 Mademoiselle S**. Nro. 25.
298 Madame de Monmaillard. Nro. 26. *Avec une Notice écrite par Mr. Adam de Bartsch.*
299 Berghofer, A. Nro. 36. *Avant la lettre.*
300 Le même Portrait. *Avec la lettre.*
301 Ligne, Charles Prince De. Nro. 37. *Epreuve moins travaillée.*
302 Le même Portrait. *Epreuve de la planche achevée.*
303 Tschida, Daniel. Nro. 38.
304 Tschida, Josephine. Nro. 39.
305 Brand, Chrétien. Nro. 42. *Avant la lettre.*
306 Le même Portrait. *Avec la lettre.*
307 Knesevich, Baron de. Nro. 43. *Avant toute lettre. Rare.*
308 Le même Portrait. *Avec la lettre.*

Nro. 309 **Molitor Martin. Nro. 64.** *Epreuve d'essai.*

310 **Le même Portrait.** *Superbe Epr. avant toute lettre et non terminée.*

311 **Le même Portrait.** *Seconde Epreuve, la lettre non remplie.*

312 **Le même Portrait.** *Avec la lettre.*

313 **Jacques de Baeker. Nro. 65.** *Très belle Epreuve sur papier des Indes.*

314 **Ferdinand Bol. Nro. 68.** *Très belle Epreuve sur papier des Indes.*

315 **Joseph Musso. Nro. 88.** *Avant toute lettre.*

316 **Le même Portrait.** *Avec la lettre.*

317 **Jean Livens. Nro. 96.** *Epreuve d'essai.*

318 **Le même Portrait.** *Avec la lettre.*

319 **Rembrandt. Nro. 173.** *Toute première Epr. très belle et rare.*

320 **Le même Portrait.** *Première et superbe Epreuve avant toute lettre, sur papier des Indes.*

321 **Le même Portrait.** *Avec la lettre.*

322 **Terburg. Nro. 243.** *Avant la lettre sur papier des Indes.*

323 **Le même Portrait.** *Avec la lettre.*

324 **Martin Schongauer. Nro. 135.** *Première et superbe Epreuve avant la lettre.*

325 **Le même Portrait.** *Avant l'inscription d'en haut.*

326 **Le même Portrait.** *Seconde Epreuve avec l'inscription.*

BARTSCH, GOTTFR.

327 **Frédéric Guillaume Duc de Brandenbourg; d'après Nason. Folio.**

BARY, HENRI.

328 **Aizema, Leo ab; d'après Bone.**

Nro. 329 Batelier, Jacques, Prédicant; d'après Westerbaen. 4to. *Première Epreuve avant les noms des artistes.*

330 Beverningk; d'après Bane. Folio.

331 Dirk et Walter Grabeth, Peintres sur verre. 4to.

332 Geesteranus, Arnold, Prédicant; d'après Westerbaen. 4to.

333 Gerwen, Simon van. 4to. *Superbe Epreuve avant la lettre.*

334 Hultenus, Albert, Professeur; d'après Flink. 4to.

335 Kettel, Corneille, Peintre; d'après lui-même. 8vo.

336 Prevostius, Bartholomaeus, Instructeur; d'après Bakker. 4to.

337 Ruyter, Michel, Amiral; d'après Bol. Folio. *Superbe Epreuve avant l'adresse de Cl. de Jonghe.*

338 Le même Portrait. *Très belle.*

339 Schellhammer, Jean, Pasteur; d'après Episcopius. 4to.

340 Vlugh, David, Amiral; d'après Van der Helft. Folio.

BAS, PHILIPPE LE.

341 Cazes, Pierre Jacques, Peintre; d'après Aved. 4to.

342 David Teniers et sa Famille; d'après lui-même. Folio en travers.

BASAN, PIERRE FRANÇOIS.

343 Tindal, Nicolas; d'après Knapton. 8vo.

344 Vanloo, Charles. Folio.

BASIRE, JAMES.

345 Camden, Lord; d'après Reynolds. Folio.

BAUDET, ETIENNE.

346 Perrault, Charles, Controlleur; d'après Le Brun. 4to.

BAUSE, JEAN FRÉDERIC.

Nro. 347 Albrecht, Jean Michel, Marchand. 4to.
348 Apel, Henri Fréd. J.; d'après Graff. 4to.
349 Basedow, J. B. 8vo.
350 Bauer, D. Henri Gottf.; d'après Graff. 4to. *Avant toute lettre.*
351 Le même Portrait. *Avec la lettre.*
352 Bodmer, Jean Jacques; d'après Graff. 4to. *Avant toute lettre.*
353 Le même Portrait. *Avec la lettre.*
354 Boehmius, Jean Gottl.; d'après Graff. 4to.
355 Butendach, O. F. Prédicant; d'après Gröger. 4to.
356 Christiana Regina Boehmiae; d'après Graff. 4to.
357 Dittmer, George Fréderic noble de; d'après Naumann. 4to.
358 Domhardt, Jean Fréderic; d'après Becker. 4to.
359 Dorothée, Duchesse de Courland; d'après Graff. 4to.
360 Ernesti, Jean Auguste; d'après le même. 8vo.
361 Ernesti, Jean Auguste; d'après le même. 4to.
362 Ferdinand Duc de Bronswic. 4to.
363 Ferg, François; d'après lui-même. 8vo.
364 Forster, J. R.; d'après Graff. 4to.
365 Frege Chretien Gottl; d'après le même. 4to.
366 Fridericus Augustus Elector Saxoniae; d'après le même. 4to.
367 Gellert; d'après Oeser. 4to.
368 Gessner, Salomon; d'après Graff. 4to.
369 Goeckingk, L. F.; d'après le même.
370 Gustave Adolphe, Roi de Suède; d'après Fittler. Fol.
371 Hagedorn, Chrétien Louis; d'après Graff. 4to.
372 Haller, Albrecht; d'après Freudenberger. 4to.

Nro. 373 Hansen, Fréderic Lud., Architect; d'après Tischbein. 4to.

374 Henricus Princeps Borussiae; d'après Graff. 4to.

375 Hochberg Bohnstock, Comte; d'après Krause. 4to.

376 Hochberg Rohnstock, Comtesse Charlotte. 4to.

377 Holstein-Beck, Duc Fréderic; d'après Mosnier. Fol.

378 Hommel, D. Charles Ferd. Conseiller; d'après Graff. 4to.

379 Hornio, Chrétien Sigm., Consul; d'après Charpentier. 4to.

380 Hoym, Charles George Henri de, Ministre. 4to.

381 Jerusalem, J. F. W., Philosophe; d'après Oeser. 4to.

382 Junius, Fréderic Auguste, Senateur. 4to.

383 Kant, Imanuel; d'après Schnorr. 4to.

384 Kees, Jacques Fréderic; d'après Lisiewsky. 4to.

385 Koch, Chrétienne Henriette; d'après Graff. 4to.

386 Koch, H. G. 4to. *Avant la lettre.*

387 Le même Portrait. *Avec la lettre.*

388 Küstner, Jean Henri; d'après Graff. 4to.

389 Leibnitz, G. W.; d'après Scheits. 4to.

390 Lessing, G. E.; d'après Graff. 4to.

391 Loehr, Eberh. Henri, Architect; d'après le même. 4to.

392 Louise Auguste, Princesse de Danemarc; d'après le même. 4to.

393 Mendelsohn, Mosé; d'après le même. 4to.

394 Morus, S. F. N.; d'après le même. 4to.

395 Müller, Charles Guillaume, Consul; d'après le même. 4to.

396 Münch, Chrétien Baron de; d'après le même. 4to.

397 Petrus I.; d'après Le Roy. 4to. *Avant toute lettre et avant la bordure.*

Nro. 398 Le même Portrait. *Avec la lettre.*
399 Plattner, E.; d'après G r a f f. 4to.
400 Pütter, Jean Etienne; d'après D i e t z. 4to.
401 Quandt, Jean Gottl.; d'après G r a f f. 4to.
402 Rabener, G. W.; d'après le même. 4to.
403 Ramler, K. W. 8vo.
404 Ramler, Charles, Guillaume; d'après G r a f f. 4to.
405 Richter, Jean Thomas; d'après le même. 8vo.
406 Richter, Jean Thomas; d'après le même. 4to.
407 Riech, Daniel, Consul. 4to.
408 Rosenmüller, Dr.; d'après T i s c h b e i n. 4to. *Très belle Epreuve avant toute lettre.*
409 Schubartus, D. Rud. Aug. Consul; d'après O e s e r. Folio.
410 Spalding, Jean Joach.; d'après G r a f f. 4to.
411 Spiegel de Pickelsheim, Sophie Marie Charlotte. 8vo.
412 Sulzer, Jean George; d'après G r a f f. 4to.
413 Thümmel, Maurice Auguste; d'après O e s e r. 8vo.
414 Uz, Jean Pierre. 4to.
415 Visscher, Carel Wouter, Pensionair; d'après S c h m i d t. Folio.
416 Weisse, Chrétien Felix; d'après G r a f f. 4to.
417 Werder, Jean Erneste D. de, Ministre; d'après B a r d o u. 4to. *Avant toute lettre, Epreuve retouchée au pinceau par l'auteur même.*
418 Le même Portrait. *Avec la lettre.*
419 Wieland; d'après G r a f f. Petite in-quarto.
420 Wieland; d'après M a y. 4to.
421 Wille, Jean, George; d'après H a l m. 8vo.
422 Winkelmann, Jean; d'après M a r o n. 4to.
423 Winkler, Gottf.; d'après G r a f f. Folio.
424 Zollikofer, G. J.; d'après le même. 4to.

BAUSE, C. DE.

Nro. 425 Wendler, Christ. Gottfr. Gravée à l'eau forte. 8vo.

BAWR, JEAN GUILLAUME.

426 Bawr, Jean Guillaume, Peintre. Gravée à l'eau forte par lui même. In 8vo. en travers.

BAZIN, NICOLAS.

427 Baréme, François, Auteur du livre des Comptes faits. 8vo.

428 Crasset, Jean, Pére de la Compagnie de Jésus; d'après Du Mée. 4to.

429 Helyot, Conseiller. 4to.

430 Helyot, Madame. 4to.

431 Houssay de Chaillot, Frére Jean, Hermite. 8vo.

432 Recollet, Pére Hyacinte. 8vo.

BEATRICET, NICOLAS.

433 Henri II., Roi de France. P. G. Vol. XV. pag. 241. Nro. 3. Seconde Epreuve.

BEAUVAY, NICOLAS DAUPHIN.

434 Meissonnier, Juste Aurel, Architect; d'après lui-même. 4to.

BEAUVARLET, JACQUES FIRMIN.

435 Barry, Madame la Comtesse Du; d'après Drouais. 4to.

436 Bernard, Jean Baptiste, Prieur; d'après Voiriot. 4to.

437 Bouchardon, Edme, Sculpteur; d'après Drouais. Folio.

438 Galitzin, Catherine Princ.; d'après Lefevre. 4to.

439 Moliere; d'après Bourdon. Folio. *Avant toute lettre. Superbe Epreuve avant la bordure.*

440 Le même Portrait. *Avant toute lettre, et avec la bordure.*

Nro. 441 Le même Portrait. *Avec la lettre.*

442 Nollet, J. A., Professeur; d'après De la Tour. 8vo. *Première Epreuve avec une seule ligne de titre.*

443 Le même Portrait. *Seconde Epreuve.*

444 Clairon, Hippolyte de la Tude, dans le role de Medée; d'après Vanloo et gravée par Cars et Beauvarlet. Grande in-folio.

BECKETT, ISAAC.

445 Beverland, Hadr. Folio.

446 Charles, Roy d'Angleterre; d'après Van Dyck. 4to.

BEHAM, BARTHÉLEMY.

447 Portrait de l'Empereur Charles V. P. G. Vol. VIII. pag. 109. Nro. 60. *Très belle Epreuve.*

448 Portrait de l'Empereur Ferdinand. I. Nro. 61. *Première Epreuve.*

449 Le Portrait d'Erasme Balderman. Nro. 63.

BELL, EDWARD.

450 Sidney Smith, William; d'après Chandler. Folio.

BELLA, ETIENNE DE LA.

451 Bella, Etienne de la; gravée à l'eau forte par lui même. Petit-in 8vo. Catalogue de Jombert. Nro. 172.

452 Bella, Etienne de la; gravée par lui même. Nro. 146. 2.

453 Cosme III. et sa femme Marguerite Louise d'Orleans. Nro. 200.

454 Montjoye Saint-Denis, Roy d'Armes de France. *Morceau rare.*

BENEDETTI, MICHEL.

455 Canova; d'après Lampi. Folio. *Avec la lettre tracée.*

456 Le même Portrait. *La lettre remplie.*

BENEDETTI, THOMAS.

Nro. 457 Hammer, Joseph, Conseiller; d'après Lawrence. Folio.

458 Hormayr, Joseph Baron de, Conseiller. 8vo.

BENOIST, GUILLAUME PHILIPPE.

459 Louis XV., Roy de France; d'après Blackey. 4to.

460 Seconda, Charles; d'après Dassier. 8vo.

BERGER, DANIEL.

461 Clairon, Mademoiselle; d'après Cochin. 8vo.

462 Doebbelin, Charles Théoph.; d'après Chodowiecki. 8vo.

463 Heinitz, Fréderic Antoine, Ministre. 4to.

464 Lavater. 8vo.

465 Rode, Bernard; d'après Chodowiecki. 8vo.

466 Sulzer, Jean George; d'après Graff. 8vo.

467 Zieten, Jean, Général; d'après Therbuschen. 4to.

BERNARD, J.

468 Campomanet, Don Pietro; d'après Mengs. 4to.

469 Ligne, Helene Apollonie Princesse De; d'après Le Clerc. Folio. *Avant toute lettre.*

470 Le même Portrait. *Avec la lettre.*

471 Rembrandt; d'après Rembrandt. 8vo.

BERNARD, SAMUEL.

472 Carolus Ludovicus Comes Palatinus Rheni; d'après Van Dyck. 4to.

473 Garnier, Louis Du. Peintre. Petite in-quarto. *Rare.*

474 Rupertus Princeps Palatinus Rheni. 4to. *Rare.*

BERNIGEROTH, JEAN MARTIN.

475 Bestuschef-Riumin, Alexy Comes, Cancellarius; d'après Prenner. Folio.

476 Louise Reine de Danemarc. 4to.

477 Wolf, Chretien L. B. de. 4to.

BERTONNIER.

Nro. 478 Martin, Secrétaire du Théâtre; d'après Riesener. 4to.

BERVIC, CHARLES CLEMENT.

479 Linné, Charles; d'après Roslin. 4to.

480 Louis XVI.; d'après Callet. Grande in-Folio. *Très belle Epreuve avant la lettre.*

481 Le même Portrait. *Avec la lettre.*

482 Sénac de Meilhan, Gabriel, Intendant; d'après Duplessis. Folio. *Superbe Epreuve avant la lettre.*

483 Le même Portrait. *Avec la lettre.*

484 Vergennes, Charles Gravier Comte de, Conseiller d'Etât. *Superbe Epreuve avant la lettre.*

BETTELINI, PIERRE.

485 Cenci Beatrice; d'après Guido Reni. 4to. *Avant la lettre.*

486 Le même Portrait. *Avec la lettre.*

487 Grimaldi, Fanny; d'après Fabre. Folio.

488 Pape Pie VII.; d'après Camuccini. 8vo. *Avant la lettre.*

489 Poliziano, Angelo; d'après Ermini. 4to.

490 Sommariva, Jean; d'après Vicar. 4to. *Avant la lettre.*

BIANCHI, JEAN PAUL.

491 Les Vice-Comtes de Milan. Suite complette de 14 pièces, y compris le titre.

BILLWILLER, J. J. L.

492 Beck, Joseph, Mathematicien; d'après Merz. 4to.

493 Caucig, François, Peintre; d'après le même. 4to.

494 Fischer, Martin, Sculpteur; d'après le même. 4to.

495 Fischer, Vincent, Architect; d'après le même. 4to.

Nro. 496 Füger, Henri Fréderic, Peintre; d'après le même. 4to.
497 Maurer, Hubert, Peintre; d'après le même. 4to.

BINK, JACQUES.

498 Reinneir, P. G. Vol. VIII. pag. 296. Nro. 94.

BITTHEUSER, J. P.

499 Kotzebue, Auguste; d'après Tischbein. 4to.
500 Scheffauer, J., Sculpteur; d'après Seele. 4to.

BLANIUS, CHRISTOPHE.

501 Buonarotti, Michel Angelo. 8vo.

BLEECK, PIERRE VAN.

502 Cibber, Mrs. in the character of Cordelia. Fol.
503 Griffin and Johnson in the characters of Tribulation and Ananias. Folio.
504 Quesnoy Francesco, called il Fiammingo a Sculptor; d'après Van Dyck. 4to.
505 Owen Mac Swiny. 4to.

BLESENDORFF, SAMUEL.

506 Caritz, Fréd. Rod. Louis, Ministre; d'après Clerck. 4to.

BLOEMAERT, CORNEILLE VAN.

507 Albertus, Bartholomacus. 8vo.
508 Ferdinand III.; d'après Bichi. 4to. *Belle et rare.*
509 Kircherus Athanasius, Jésuite. 8vo.
510 Martinus. 8vo.
511 Oirschott, Adrien. 8vo.
512 Perettus, François, Cardinal. 4to.

BLOIS, A. DE.

513 Spanhemius, Fridericus, Professeur; d'après Mieris. 4to.

BLOT, MAURICE.

514 Carrache, Annibal; d'après lui-même. 4to.

Nro. 515 Le Dauphin et Madame Fille du Roy; d'après Le Brun. Folio.

516 Van Dyck, d'après lui-même. 4to.

517 Gery, André Guillaume, Abbé. 4to.

518 Winkelmann; d'après R. Mengs. 4to.

BLOOTELING, ABRAHAM.

519 Beverningk, D. Jérôme van; d'après Vaillant. 4to.

520 Beverningk, D. Jérôme van; d'après Maes. Fol.

521 Bonarotus, Michel-Ange. 8vo.

522 Bornaeus, Everhardus, Jésuite. 8vo.

523 Coccejus, Jean, Théologien; d'après Palamedes. 4to.

524 Craanen, Théodore, Professeur; d'après Toornvliet. 4to.

525 Flinck, Peintre; d'après Zsyll. 4to.

526 Fries, Hiddes de, Amiral; d'après Eeckhout. Folio.

527 Haren, Wilhelmus van; d'après Vaillant. 4to.

528 Helst, Bartholomeus Van der, Peintre; d'après lui-même. Folio. *Rare.*

529 Hegenius Constanter; d'après Netscher. 4to. *Très belle Epreuve avant la lettre.*

530 Kortenaer, Egbert Meesz, Amiral; d'après Van der Helst. Folio. *Première et très belle Epreuve avant quelques retouches dans la tête.*

531 Langelius, Hermannus; d'après Hals. 4to.

532 Mieris, François, Peintre; d'après lui-même. 8vo.

533 Mirabelle, Marquis; d'après Van Dyck. 4to.

534 Nes, Aert van, Amiral; d'après De Jonghe. Folio.

535 Ruyter, Amiral. 4to.

536 Schmidt, Michel, Consul; d'après Stech. 4to.

Nro. 537 Schout, Pierre; d'après Netscher et Wouwerman. Folio. *Pièce très belle et rare.*
538 Stellingwerf, Auguste, Amiral; d'après Van der Helst. Fol.
539 Tromp, Corneille, Amiral; d'après Lely. Fol.
540 Welhem; d'après Mieris. 8vo.
541 Wit, Jean de; d'après De Banc. 4to.
542 Wit, Corneille de; d'après le même. 4to.
543 Witte, Corneille de With, Amiral; d'après Sorch. Folio.

BLYTH, ROBERT.

544 Mortimer, John Hamilton, Peintre; d'après lui-même. Folio.

BOETIUS, CHRETIEN FREDERIC.

545 Hutin, Charles; d'après lui-même. 8vo.

BOISSARD, ROBERT.

546 Essex, Robert Earle of, Maréchal; d'après Bromley. 4to. *Morceau rare.*

BOISSIEU, JEAN-JACQUES.

547 Portrait de Boissieu. Catalogue de Rigal. Nro. 1. *Première et très belle Epreuve avec le buste de la femme de l'Auteur.*
548 Le même Portrait. *Avec le paysage.*

BOLSWERT, SCHELTH A.

549 Aremberg, Prince Albert; d'après Van Dyck. 4to.
550 Bellarminus, Robertus, Jésuite. Folio.
551 Brauwer, Adrien, Peintre; d'après Van Dyck. 4to. *Première Epreuve avant le nom du graveur.*
552 Le même Portrait. *Seconde Epreuve.*
553 Jacques Roi d'Angleterre; d'après Mireveld. Folio.

Nro. 554 Elisabeth, Reine d'Angleterre; d'après le même. Folio.

555 Lipsius, Justus, Historiographe; d'après Van Dyck. 4to.

556 Margareta, Princeps Lotharingia; d'après le même. 4to. *Première Epreuve.*

557 Pepyn, Martin; d'après le même. 4to. *Première Epreuve.*

558 Ruten, Marie; d'après le même. 4to.

559 Vos, Paul de, Peintre; d'après le même. 4to.

560 Vranex, Sebastien, Peintre; d'après le même. 4to. *Première Epreuve.*

561 Le même Portrait. *Seconde Epreuve.*

BOMBELLI, PIERRE.

562 Labre Francese, Benedetto Giuseppe, d'après Micocca. Folio.

BONASONE, JULES.

563 Philippe II., Roi d'Espagne. P. G. Vol. XV. pag. 170. Nro. 343. *Très belle et rare.*

564 Michel-Ange Bonarotti. Nro. 346.

565 Raphaël d'Urbin. Nro. 347. *Superbe Epreuve et rare à trouver aussi belle.*

BOSSE, ABRAHAM.

566 Mausolée de Jacques Callot à Nancy. 4to. *Première Epreuve avant le nom dans la bordure.*

567 La même Estampe. *Seconde Epreuve.*

BOSSI, JACQUES.

568 Azara, Jos. Nic.; d'après Mengs. 4to.

BOTTATS, FREDERIC.

569 Heil, Daniel van, Peintre; d'après J. B. Heil. 8vo.

570 Heil, Jean Baptiste van; d'après lui-même. 8vo.

571 Heil, Leo van, Architecte; d'après J. B. Heil. 8vo.

Nro. 572 Ryckaert, David; d'après lui-même. 8vo.

BOUCHER, FRANÇOIS.

573 Watteau, Peintre; d'après lui-même. 4to.

BOULANGER, JEAN.

574 Cosnac, Daniel, Evêque; d'après Le Febure. 4to.

575 Le Tellier, Michel, Secrétaire d'Etat; d'après Chauveau. Folio.

BOURGEOIS DE LA RICHARDIÈRE.

576 Alexandre I., Empereur de toutes les Russies; d'après Desnoyers. Folio.

BOUVIER, PIERRE LOUIS.

577 Staël-Holstein, Madame la Baronne de. 4to.

BOVA.

578 Cipriani, G. B. 8vo.

579 Bingham, Miss; d'après Cosway. 8vo. Imprimée en couleurs. — Cosway. R. 8vo. Deux Estampes.

580 Sinclair, Lady; d'après Cosway. 8vo. — Swinbarne, Lady; d'après le même. 4to. Imprimée en couleurs. Deux Estampes.

BOYDELL, JOSIAH.

581 Claude le Lorrain, Peintre. 8vo.

BREBIETTE, PIERRE.

582 Brebiette, Pierre. *Très belle.*

583 Quesnel, François, Peintre. *Très belle.*

BRIOT, J.

584 Louis XIII. et sa mère. Folio.

BROME, C.

585 Pitt, William; d'après Owen. 4to.

BROMLEY, WILLIAM.

Nro. 586 Fox, Charles James; d'après Bowyer. Grande in-folio. *Superbe Epreuve, la lettre tracée.*

587 George the Third; d'après Burney. Folio.

BRONKHORST, JEAN G.

588 Jean de Laet. P. G. Vol. IV. pag. 61. Nro. 9. *Belle Epreuve avec les vers latins. Rare.*

BROSAMER, HANS.

589 Portrait de l'Abbé de Fulde, Jean de Hennenberg. 1541. P. G. Vol. VIII. pag. 465. Nro. 23. *Ancienne et belle.*

590 George Wicelius. 1542. Nro. 24.

BRUGGEN, JEAN VAN DER.

591 Bruggen, Jean van der, Graveur; d'après Largillier. 4to.

592 Schuppen, Jacobo van, Peintre. Folio.

BRUN, GABRIEL LE.

593 D'Hocquincourt, Charles de Mouchy, Maréchal; d'après Nocroit. 4to.

BRUNN, ISAAC.

594 Beutheri, Michel, Professeur. 8vo.

BRY, JEAN THEODORE DE.

595 Bauhinus, Casparus, Anatome. Petite in 8vo.

BRYDON, J.

596 Fox, Charles. Buste gravé à l'eau forte. 8vo.

BUCHHORN, J.

597 Gneisenau, Comte, Général. 8vo.

BUGEY.

598 Broglie, Victor François Duc de; d'après Loir. Folio.

BURKE, THOMAS.

Nro. 599 Kauffman, Angelica, in the character of Design, listening to the Inspiration of Poetry. D'après elle même. Folio. *Très belle et première Epreuve avec l'inscription*: Angelica Kauffman with the Muse Clio.

600 La même Estampe, *Seconde Epreuve.*

601 Lady Rushout and Daughter; d'après Angelica Kauffman. Folio.

CALDWALL, JACQUES.

602 Siddons, Mrs. and her Son in the Tragedy of Isabella; d'après Hamilton. Grande in-folio. *Superbe Epreuve.*

CALLOT, JACQUES.

603 Donatus Antellensis, pièce appelèe: Le Senateur. *Rare.*

604 Charles De Lorme, Medecin.

605 Drevet, Claude, Peintre. *Première Epreuve. Rare.*

606 Le même Portrait. *Seconde Epreuve.*

607 Louis de Lorraine à cheval. *Signée par Mariette.*

608 Franciscus Medicis.

609 Peri, Jean Domin. Poëte; pièce appelée le Jardinier. *Rare. Signée par Mariette.*

CAMPANELLA, ANGELO.

610 Bernardi, B., Capucin; d'après Mallerini. 4to.

CAMPANELLA, A.

611 Cosmus II. 8vo.

CANTINI, GIOVACCHINO.

612 Buonarotti, Michel-Ange. 8vo.

CARAGLIO, JACQUES.

613 Pierre Arétin. P. G. Vol. XV. pag. 98. Nro. 64.

CARDON, ANTOINE.

Nro. 614 Andreossy; d'après Guerin. 8vo.
615 Catalani, Angelica; d'après Villiers. 8vo.
616 Louisa Paolina Angelica Cosway; d'après R. Cosway. 4to.
617 Louis Antoine Henri de Bourbon, Duc d'Enghien; d'après Villiers. 4to.
618 Edward Duc of Kent; d'après Barber. 4to.
619 Manners, Thomas Lord; d'après Comerford. 4to. *Superbe Epreuve sur papier des Indes.*
620 Mazurier; d'après Duboulez. 8vo.
621 Paoli, Général; d'après Guttenbrun. 4to.
622 Radicati, Madame Bertinotti; d'après Landi. 8vo. *Avant toute lettre sur papier des Indes.*
623 Le même Portrait. *Avec la lettre tracée.*
624 Recamier, Madame; d'après R. Cosway. 4to.
625 Roden, Lord. 8vo. *Superbe Epreuve avant toute lettre sur papier des Indes.*
626 Stuckhouse, Botaniste. 4to. *Avant toute lettre.*
627 George, Prince of Wales; d'après Gainsborough. Folio. *Avant toute lettre.*

CARMONA, EMANUEL SALVADOR.

628 Aguilar, Vicente Osario Moscoso Conde viudo de; d'après Weiker. 4to.
629 Boucher, François, Peintre; d'après Roslin. 4to.
630 Broglie, Victor François Duc de; d'après Loir. 8vo.
631 Carolus III.; d'après Mengs. 8vo.
632 Carlos III.; d'après Velasquez. 4to.
633 Carlos III., Rey de Espanna; d'après Mengs. Fol.
634 Jean de la Cueba. 8vo.
635 Fernando VI., Rey de Espanna. 8vo.
636 Iriarte, Jane. 8vo.

Nro. 637 Mengs, Raphael. 4to.
638 Isabel Parreno. Folio.
639 Collin de Vormont, Hyacinthe, Peintre; d'après Roslin. Folio.
640 Yarcote, Louis de Gongara. 8vo.

CARONNI, PAOLO.

641 Metastasio; d'après Steiner. 4to.
642 Morghen, Raphael. 4to.

CARRACHE, AUGUSTIN.

643 Aldrovandi, Ulisse. P. G. Vol. XVIII. pag. 110. Nro. 137. *Belle.*
644 Le Pape Grégoire XIII. Nro. 148. *Première Epreuve avant le crucifix dans le fond, extrèmement rare et très belle.* NB. *C'est la même Epreuve dont Bartsch a fait la remarque suivante:* Nous avons vu, dans la belle collection de Portraits de Mr. le banquier de Franck à Vienne, une première Epreuve de cette Estampe. P. G. Vol. XVIII. pag. 118.
645 Le Pape Innocent IX. Nro. 149. *Très rare et belle.*
646 Prêtre Jean. Nro. 152. *Belle.*
647 Sivel, Jean Gabriel. Nro. 153. *Très belle.*
648 Vecelli, Titien. Nro. 154. *Très belle et première Epreuve. Très rare.*
649 Le même Portrait. Nro. 154. *Seconde et très belle Epreuve.*
650 Buste de vieillard. (Antoine Carrache). Nro. 155. *Belle.*

CARS, LAURENT.

651 Anguier, Michel, Sculpteur; d'après Revel. 4to.
652 Bourdon, Sebastien, Peintre; d'après Rigaud. 4to.

Nro. 653 Estrées, Jean d'Abbé; d'après Rigaud. 4to.
654 Conti, Louis François Prince de; d'après Le Maire. Folio.
655 Hozier, Pierre d', Généalogiste. Folio. *Très belle Epreuve avant toute lettre.*
656 Polignac, Cardinal; d'après Rigaud. Folio.
657 Prault, P. Typographe; d'après Cochin. 8vo.
658 Slodtz, Paul Ambroise; d'après le même. 8vo.
659 Slodtz, Michel-Ange; d'après le même. 8vo.

CASA, NICOLAS DE LA.

660 Baccio Bandinelli. 4to. *Avant l'adresse d'Antonio Lafreri. Très belle et rare.* Collée.
661 Le même Portrait. *Avec l'adresse. Belle.*
662 Charles V. Fol. Copie en Contre-Partie; d'après Enée Vico. Nro. 255. *Très belle.*
663 Cosmus Medici. Folio. *Belle et rare.*
664 Franciscus Duarenus Jurecons. 8vo. *Très belle. Signée par Mariette.*
665 Henri II., Roy de France. Folio. *Rare.*

CATHELIN, LOUIS-JACQUES,

666 J. Philippe Le Bas, Graveur; d'après Cochin. 4to.
667 Jeliote, Pierre; d'après Toqué. Folio.
668 Terray, Joseph Marie, Ministre; d'après Roslin. Folio.
669 Vernet, Joseph, Peintre; d'après Vanloo. 4to.

CATTINI, JEAN.

670 Piazzetta, Jean Baptiste, Peintre. Folio.
671 Serry, Jacques Hyacinth, Docteur. 8vo.

CAUKERCKEN, CORNEILLE VAN.

672 Bosch, Carolo van den. 4to.
673 Snayers, Pierre, Peintre; d'après Heil. 8vo.

Nro. 674 Verhaecht, Tobie. Peintre. 8vo.

C. B. (Nro. 45 des monogrammes.)

675 Charles V. et Ferdinand son frère. P. G. Vol. VIII. pag. 534. Nro. 3. *Très belle et avant le Numero 58.*

CECCHINI, FRANÇOIS.

676 Velasquez, Diego. 4to.

CECILL, THOMAS.

677 Curle, Evêque de Winton. 4to.

CHAMBARS, THOMAS.

678 Raphael's Mistress; d'après Raphael. 4to.

CHARPANTIER, PIERRE FRANÇOIS.

679 Chevert, François de, Général; d'après Tischbein. 4to.

CHEESMAN, THOMAS.

680 Washington, Général; d'après Trumbull. Grande in-folio. *Avant la lettre.*

681 Le même Portrait. *Avec la lettre.*

CHEREAU, FRANÇOIS.

682 Blitersvich de Moncley, Antoine François, Archevêque. 4to.

683 Boileau Despreux; d'après Rigaud. 4to.

684 Boullogne, Louis de, Peintre. Folio.

685 Detlev a Dehn, Conrad; d'après Rigaud. Folio. *Première Epreuve.*

686 Le même Portrait. *Seconde Epreuve.*

687 Fleury, André Hercules, Evêque; d'après Rigaud. Folio. *Première Epreuve.*

688 Le même Portrait. *Seconde Epreuve.*

689 Fleury, André Hercules, Cardinal; d'après Rigaud. Folio.

Nro. 690 Fontaine, Charles Nicolas Taffourreau de; d'après le même. 4to.

691 Largillierre, Nicolas, Peintre. Folio.

692 Launay, Nicolas, Conseiller Secrétaire; d'après Rigaud. Folio.

693 Pardaillan de Gondrin Louis Antoine, Pair de France; d'après le même. Folio. *Avant toute lettre.*

694 Le même Portrait. *Avec la lettre.*

695 Pernot, Abbé; d'après Rigaud. Folio.

696 Picon, Jean-Baptiste Louis, Conseiller; d'après le même. 4to.

697 Polignac, Cardinal; d'après le même. Folio. *Très belle Epreuve avant l'ordre du Saint Esprit.*

698 Le même Portrait. *Avec l'ordre du Saint Esprit.*

699 Renaudot, Eusebius; d'après Ranc. Folio.

CHEREAU, JACQUES.

700 Colbert, Charles Joachim, Evêque; d'après Raoux. Folio.

701 Jeanne d'Arragon, Reine de Sicile; d'après Raphael. Folio.

CHEVILLET, JUSTE.

702 Duc de Bragance, d'après Trinquesse. Folio.

703 Descampes, J. B., Peintre. 8vo. *Avant la lettre.*

704 Le même Portrait. *Avec la lettre.*

CHODOWIECKI, DANIEL.

705 Cabinet d'un peintre (La famille de Chodowiecki). Voyez le Catalogue des oeuvres de Chodowiecki par Jacoby. Pag. 17. Nro. 75.

706 Thile. Nro. 97.

707 Basedow. Nro. 105.

708 Philippi. Nro. 106.

709 Dietrich, C. W. E. Nro. 118.

710 Teller, D. W. A. Nro. 142.

Nro. 711 Göthe, D. J. W. Nro. 166.
712 Brückmann, Medecin. Nro. 180.
713 Weitsch, Peintre. Nro. 181.
714 Rochau, Fréderic Eberhard. Nro. 191.
715 Eberhard. Nro. 271.
716 Engel, J. J. Nro. 312.
717 Belling, Général. Nro. 354.
718 La famille de Barez. Nro. 376.
719 Luedke, F. G. Nro. 379.
720 Barez, Mons. Nro. 437.
721 Stoss, J. E. S. Nro. 461.
722 Böhm, André. Nro. 530.
723 Hermes, J. A. Nro. 584.
724 Reclam. Nro. 618.

CIPRIANI, GALGANO.

725 Alfieri, Vittorio; d'après Fabre. 4to.
726 Galilei Galileo; d'après Subtermans. 4to.
727 Machiavelli, Nicolò; d'après Santi di Tito. 4to.
728 Guido Reni. 4to.

CLAESSENS, L. R.

729 Cras, H. C.; d'après Lelie. 4to.
730 H. Hooft Danielsz. 4to. *Avant toute lettre.*
731 Le fils de Teniers; d'après D. Teniers. Folio. *Superbe Epreuve avant toute lettre.*

CLAR.

732 C. A. Baron de Hardenberg, Ministre; d'après Schröder. 4to.

CLARKE, JEAN.

733 Cosway, Richard. 8vo.

CLEMENS, JEAN FRÉDERIC.

734 Ewald, Jean. 8vo.

Nro. 735 Fridericus Wilhelmus II., Borussorum Rex; d'après S c h r ö d e r. Folio. *Très belle Epreuve avant la lettre remplie.*

736 Le même Portrait. *Avec la lettre remplie.*

737 Maria Sophia Friderica, Friderici Principis haereditarii Daniae et Norvaegiae Conjux; d'après J u e l. Folio.

738 Wessel; d'après le même. 8vo.

CLERC, SEBASTIEN LE.

739 Stephanus Potier d'Aubancourt.

CLOUWET, ALBERT.

740 Poussin, Nicolas, 8vo.

CLOUWET, D.

741 Mey, Jean, Professeur. 4to.

CLOUWET, PIERRE.

742 Van der Lamen, Christophe, Peintre; d'après Van Dyck. 4to.

743 D. Anna Wake; d'après V a n D y c k. 4to. *Première Epreuve.*

744 Le même Portrait. *Seconde Epreuve.*

COCHIN, CHARLES NICOLAS.

745 Maffei, Scipion, Marquis. 8vo.

746 Morand, F. 8vo.

747 P. De la Place. 8vo.

748 Sarazin l'aîné, Jacques, Sculpteur. 4to.

749 Le Sieur, Eustache, Peintre. 4to.

COLLIN, RICHARD.

750 Henschenius, Gottfr. 4to.

751 Franciscus de Moura, Comes de Lumiares; d'après D u C h a t e l. Folio.

752 Gaspard de Witte; d'après A. G u e b o u. 8vo. *Superbe Epreuve avant toute lettre.*

COLLYER, JOSEPH.

Nro. 753 Sir Joseph Banks; d'après Russell. 8vo. *Très belle Epreuve sur papier des Indes.*

754 The Duke of Clarence; d'après Jean. 8vo.

755 Sir William Chambers; d'après Reynolds. 8vo. *Imprimée en couleurs.*

756 Madam Mara as Armida; d'après Jean. 4to.

767 Palmer, John; d'après Russell. 8vo. *Imprimée en couleurs.*

758 Reynolds, Joshua; d'après lui-même. 8vo.

759 George Prince of Wales; d'après Russell. 4to. *Imprimée en couleurs.*

760 Willis; d'après le même. 4to.

CONDE, JOHN.

761 Bouverie, Mistress E.; d'après Cosway. 4to.

762 Madame Rose Didelot, dans le rôle de Calipso; d'après Henard. Folio.

763 Mistress, Fitzherbert; d'après Cosway. 4to.

764 Mistress Jackson; d'après le même. 4to.

765 Mistress Tickell; d'après le même. 4to. *Imprimée en couleurs.*

CONING, CORNEILLE.

766 Adrianus Tetrodius. 4to.

767 Udalricus Comes Dominus Frisiae; d'après Andriessen. Folio.

CONRADUS, ABRAHAM.

768 Godefroid Hotton, Pasteur; d'après Mermans. 4to. *Pièce belle et rare.*

COOPER, RICHARD.

769 Miss Wilson; d'après Clint. Folio. *Très belle et première Epreuve sur papier des Indes.*

CORBUTT, CHARLES.

Nro. 770 Lady George Lenox; d'après Ramsay. Folio.

CORIOLANUS, JEAN BAPTISTE.

771 Vincentius Montecaluus, Philosophe. 8vo.

CORT, CORNEILLE.

772 Muretus, Antonius. 8vo. *Très belle.*

773 Victorius, Petrus. 8vo. *Très belle.*

COSSIN, LOUIS.

774 Cassini. *Avant toute lettre.*

775 Chauveau, François, Peintre; d'après Le Febure. 4to. *Très belle.*

776 Colbert, Jean Baptiste; d'après De Troy. Fol. *Très belle.*

777 Conrart, Valentin, Conseiller; d'après Le Fevre. 4to. *Très belle.*

778 Herard, François, Chirurgien; d'après Sicre. 4to. *Belle Epreuve avant la lettre.*

779 Roupert, Louis, Orfevre; d'après Rabon. 4to.

COSTER, D.

780 Jan de Bisschop; d'après De Baane. 4to.

781 Frans Hals, Peintre; d'après Van Dyck. 4to.

COUVAY, JEAN.

782 Louis XIV., Roi de France, à cheval. 4to.

783 Sevin, Nicolas, Peintre; d'après Van Mol. 4to.

COYPEL, CHARLES ANTOINE.

784 Abbé de Maroulle. *Toute première Epreuve avant toute lettre.*

785 Le même Portrait. *Première et très belle Epreuve.*

786 Le même Portrait. *Epreuve posterieure.*

CROUTELLE, L.

787 Bobo de Caria; d'après Velazquez. Folio. *Superbe Epreuve.*

CUNEGO, DOM.

Nro. 788 Franc. Joach. Cardinal de Bernis; d'après Callet. 4to.

789 Fréderic II., Roi de Prusse; d'après Cuningham. Folio.

790 Maffei, Marchese Scipione; d'après Rotari. 4to.

791 Potok Potocki, Franciscus Salesius, Palatinus; d'après Baciarelli. Folio.

CURTI, BERNARD.

792 Raphael Mota de Regio Pictor. 8vo.

CUSTOS, DOMINIQUE.

793 Basta, George, Général. 8vo. *Très belle.*

794 Thalman, Math. 8vo. *Très belle.*

CUSTODIS, RAPHAEL.

795 Callot, Jacques, 8vo. *Rare.*

DALEN, CORNEILLE VAN.

796 Charles II., Roi d'Angleterre. *Epreuve avec 14 vers anglais imprimés*: The Graver — Histories. W. L. Folio.

797 Festus Hommius, Théologien; d'après Balyu. 4to.

798 Jacques Duc d'Albanie; d'après Luttichuys. 4to.

799 Maurice Prince de Nassau; d'après Flinck. 8vo.

800 Jean Maurice, Prince de Nassau; d'après le même. Folio.

801 Schurman, Anne Marie, Peintre; d'après Van Ceulen. 4to.

802 Sylvius, François Deleboe, Medecin. 4to.

803 Triglandius, Jacobus, Professeur; d'après Teylingen. 4to.

804 Tromp, Amiral; d'après Livius. Fol.

Nro. 805 Aretin, Pierre; d'après T i t i e n. Folio. *Ancienne et très belle Epreuve.*

806 Boccace, Jean; d'après le même. Fol. *Ancienne et très belle Epreuve.*

807 Barbarelli Georges, dit le Georgion de Castel franco; d'après le même. Fol. *Ancienne et très belle Epreuve.*

808 Piombo Sebastien del, ou Campanella, Moine Dominicain; d'après le même. Folio. *Ancienne et très belle Epreuve.*

DANKERTS, HENRI.

809 Charles II., Roi d'Angleterre; d'après H a n n e m a n. 4to.

DARET, PIERRE.

810 Hugues de Lionne, Conseiller. 8vo.

DAULLE, JEAN.

811 Baschi, Charles, Marquis d'Aubais; d'après P e r o n n e a u. 4to. *Superbe Epreuve avant toute lettre.*

812 Le même Portrait. *Avec la lettre.*

813 Charles Alexandre de Lorraine; d'après M e y t e n s. 4to. *Superbe Epreuve avant toute lettre.*

814 Le même Portrait. *Avec la lettre.*

815 Coffin, Charles, Recteur; d'après F o n t a i n e. Folio.

816 Boileau Despreaux, Nicolas; d'après R i g a u d. 8vo.

817 Coignard, J. B., Libraire de Paris; d'après V o i r e a u. Folio. *Superbe Epreuve avant toute lettre.*

818 Favart, dans le rôle de Bastienne; d'après V a n l o o. Folio.

819 Fréderic Auguste III., Roi de Pologne; d'après S i l v e s t r e. 4to.

Nro. 820 Gauffecourt de Geneve; d'après N o n n o t t e. Fol.

821 Gendron, Claude Deshais, Medecin; d'après R i- g a u d. Folio.

822 Marie Thérèse, Reine d' Hongrie; d'après M e y- t e n s. 4to.

823 Marie Josephe, Reine de Pologne; d'après S y l- v e s t r e. Grande in-folio. *Avant toute lettre.*

824 Marguerite de Valois, Comtesse de Caylus; d'a- près R i g a u d. Folio.

825 Mariette, Jean, Graveur et Libraire; d'après P e s n e. Folio. *Superbe Epreuve avant toute lettre.*

826 Le même Portrait. *Avec la lettre.*

827 Maupertuis, Pierre Louis Moreau de; d'après T o u r n i e r e. Folio. *Très belle Epreuve avant la lettre.*

828 Le même Portrait. *Avec la lettre.*

829 Meerman, Gérard; Conseiller; d'après P e r o n- n e a u. 4to.

830 Mignard, Catherine, Comtesse de Feuquierre; d'après M i g n a r d. Folio.

831 Nestier, Ecuyer de Louis XV.; d'après D e l a R u e. 4to.

832 Palu, le Père Martin, Jésuite; d'après N o n- n o t t e. 4to.

833 Pardetroy, Baron; d'après D e T r o y e. Folio. *Epreuve avant toute lettre.*

834 Le même Portrait. *Avec la lettre.*

835 Pelissier, Mademoiselle, Actrice; d'après D r o u- a i s. Folio.

836 Pinto, Emanuel. 4to. *Pièce gravée par J. G. Wille sous le nom de Daullé.*

Nro. 837 Polignac, Cardinal; d'après Rigaud. 8vo. *Avant toute lettre.*

838 Puysegur, Jacques François, Maréchal; d'après Tourniere. 4to. *Superbe Epreuve avant toute lettre.*

839 Le même Portrait. *Avec la lettre.*

840 Rigaud, Hyacinthe, avec Elisabeth de Gouix sa femme; d'après Rigaud. Folio.

841 Rigaud, Hyacinthe; d'après le même. Fol. *Avant la lettre.*

842 Rosset de Fleury, Vicomtesse de Narbonne, Marie Antoinette. Folio.

843 Rousseau, Jean Baptiste; d'après Aved. Folio.

844 Simon, Claude de Saint, Archevêque; d'après Rigaud. Folio.

845 Sonnois, Charles Hugue, Avocat; d'après Cornu. 4to.

846 Charles Edouard, fils ainé de Jacques Stuard. 4to. *Gravée par J. G. Wille sous le nom de Daullé.*

847 Sutaine, Pierre, Abbé; d'après Guillemard. Folio.

DAVID, ELÉVE DE LEBAS.

848 Diderot, Denis; d'après Vanloo. 4to.

DAVID, CHARLES.

849 Louis de Bourbon, Comte de Soissons; d'après Ferdinand. 4to.

DEAN, JOHN.

850 Parry, Miss, Actrice; d'après Romney. 4to. *Avant la lettre.*

DELFF, GUILLAUME.

851 Battenfeldt, Jean. 4to.

Nro. 852 Bergh, Henri Comte de. Folio.
853 Camerarius, Louis Joach., Général; d'après Miereveld. 4to.
854 Charles, Roi d'Angleterre; d'après Mytens. Fol.
855 Charles Louis, Palatin du Rhin; d'après Miereveld. Folio.
856 Colligni, Gaspard Comte de, Maréchal; d'après le même. Folio.
857 Louise de Colligni; d'après le même. Folio.
858 Culenborch Florentin, Comte de; d'après le même. Folio.
859 Culenborch, Catherine, Comtesse de; d'après le même. Folio.
860 Ducherus, Joannes, Théologien. 4to.
861 Elisabeth, Reine de Bohème; d'après Miereveld. Folio.
862 Episcopius, Simon, Philosophe; d'après Petri. 4to. *Portrait rare.*
863 Erneste Casimir, Comte de Nassau; d'après Miereveld. Folio.
864 Gerritsz, Lubbert; d'après le même. 8vo.
865 Grotius, H.; d'après le même. 4to.
866 Guillaume Comte de Nassau; d'après Venne. Folio.
867 Guillaume Louis de Nassau; d'après Miereveld. Folio.
868 Henriette Marie, Reine d'Angleterre; d'après Mytens. Folio.
869 Gustave Adolphe, Roi de Suéde; d'après Miereveld. Folio.
870 Henri Fréderic, Comte de Nassau; d'après Venne. Folio.
871 Hochedaeus, Jean, Ministre; d'après Vinck. 4to.

Nro. 872 Hogerbeets Rumoldus, Senateur; d'après Ravesteyn. 4to.

873 Huyghers, Constanter; d'après Miereveld. 4to.

874 Junius, Bonifacius, Syndicus; d'après le même. 4to.

875 Linden, Henri Antoine Van der, Théologien; d'après Enchus. 4to. *Très belle Epreuve signée par Mariette.*

876 Linden, Antonius Antonides Van der, Medecin; d'après Merman. 4to.

877 Maurice Comte de Nassau; d'après Venne. Fol.

878 Mirevelt, Michel, Peintre; d'après Van Dyck. 4to. *Très belle Epreuve, avant toute lettre.*

879 Le même Portrait. *Première Epreuve avec une seule ligne de titre et le nom du graveur Hondius et avec l'adresse de M. van den Enden.*

880 Le même Portrait. *Epreuve posterieure.*

881 Moraeus, Petrus. 8vo.

882 Oxenstirn, Axel; d'après Miereveld. Folio.

883 Philippe Guillaume, Comte de Nassau; d'après le même. Folio.

884 Plancius, Petrus, Théologien. 4to.

885 Polyander, Jean, Théologien; d'après Miereveld. 4to.

886 Ringh, Jacques; d'après Lamb. 4to.

887 Rolandus, Jacques, Assesseur; d'après Van der Voort. 4to.

888 Sambrix, Felix; d'après Miereveld. 4to.

889 Sophie Hedwig, Duchesse de Brunswic; d'après le même. Folio.

890 Triglandius, Jacobus, Théologien. 4to.

891 Valsassina, Baron Henri Math.; d'après Miereveld. Folio.

892 Villiers, Georges; d'après le même. Folio.

Nrc. 893 Wolfgang, Guillaume Comte, Palatin du Rhin; d'après le même. Folio.

893a Wtenbogardus, Johan; d'après le même. 4to.

DEMAUTORT.

894 Voltaire; d'après De la Tour. 8vo.

DENON, DOMINIQUE VIVANT.

895 Portrait de Denon; d'après Isabey. 4to. — Portrait de Denon in 8vo. Deux Estampes.

896 Barere. Folio.

897 Bonito. 8vo.

898 Le Brun, Mademoiselle. 4to.

899 Casaciello. — Madame Duchesse de Courlande. — Deux Estampes in 8vo.

900 M. Lepelletier. 4to.

901 Isabelle Teottochi Marin. 8vo.

902 Madame de Massion. 4to.

903 Angelo Quirini. 4to.

904 Henry Rambergt. 4to.

905 La Comtesse de Rosemberg. 8vo.

906 L'Abbé Zani. 4to.

907 Denon. 4to.

DESNOYERS, AUGUSTE BOUCHER.

908 Marie Louise, Archiduchesse d'Autriche; d'après Guérard. 4to.

909 Le Duc de Reichstadt; d'après Gérard. 4to.

910 Talleyrand, Charles Maurice; d'après le même. Folio.

DEQUEVAUVILLIER, FRANÇOIS.

911 Snyders; d'après Van Dyck. Folio.

DESPLACES, LOUIS.

912 Bécaille, Marguerite; d'après Largilliere. Folio.

Nro. 913 Bouthillier, Armand Jean, Abbé; d'après Rigaud. 8vo.

914 Duclos, Marie Anne, Actrice, dans le rôle d'Ariadne; d'après Largilliere. Folio. *Avant toute lettre.*

915 Silvestre, François; d'après Herault. 4to. *Superbe Epreuve avant toute lettre.*

916 Le même Portrait. *Avec la lettre.*

DESROCHERS, E.

917 Poerson, Charles François, Peintre; d'après Largilliere. Folio.

918 Verdier, François, Peintre; d'après Rane. Fol.

DICKINSON, GUILLAUME.

919 Catherine II., Imperatrice de toutes les Russies. Folio.

920 Van Dyck; d'après Rubens. 4to.

921 Fielding; d'après Peters. Folio.

922 George III., Roi d'Angleterre; d'après Reynolds. Grande in-folio. *Avant la lettre.*

923 Gordon, Jane Dutchess of; d'après Reynolds. 4to.

924 Grantham, Lord Thomas; d'après Romney. Fol. *La lettre tracée.*

925 Imhof, Mistress, and Child; d'après Pine. 4to.

926 Keppel, Auguste, Amiral; d'après Romney. 4to.

927 Leinster, Comtesse; d'après Reynolds. 4to.

928 Matthews, Mistress; d'après le même. Grande in Folio. *Avant toute lettre.*

929 Percy; Thomas; d'après le même. 4to.

930 Rubens; d'après lui même. 4to.

931 Helena Foreman, wife to Sir P. P. Rubens; d'après Rubens. 4to.

Nro. 932 Sarpi, Paolo; d'après Zucchero. 4to. *La lettre tracée.*

933 Sesson, Lady; d'après Cosway. 4to. *Avant la lettre.*

934 Taylor, Lady; d'après Reynolds. Folio. *Avant la lettre.*

935 Worsdale, James; d'après Pine. Folio.

936 Yates, Mistress, in the character of Medea; d'après le même. Grande in-folio.

DIXON, JEAN.

937 Carrington, R. M. 4to.

938 Garrick as Richard the third; d'après Dance. Grande in-folio.

939 Kirby, designer in perspective; d'après Gainsborough. 4to.

DOBSON, GUILLAUME.

940 Guillaume Dobson, gravée à l'eau forte par lui même. 4to. *Belle et rare.*

DOES, H. G.

941 William, Prince of Orange and Nassau. Folio.

DOES, ANTOINE VAN DER.

942 Bramer, Léonard; d'après lui même. 8vo.

DOSSIER, MICHEL.

943 Fontenelle, Bernard; d'après Rigaud. 8vo.

DREVET, CLAUDE.

944 Besenval Baron de Brunstat, Jean Victor, Général; d'après Messònier. 4to.

945 Bresse, Henriette Marguerite de la; d'après Rigaud. Folio.

946 Milon, Alexandre, Evêque, d'après le même. Fol.

947 Oswald, Henry, Cardinal d'Auvergne; d'après le même. Folio.

Nro. 948 Sinzendorf, Philippe Louis Comte de; d'après le même. Folio.

949 Steigerus, Christophe, Consul; d'après Huber. Folio.

950 Vintimille, Charles Gaspard Guillaume de; d'après Rigaud. Folio.

DREVET, PIERRE.

951 Arnauld, Antoine, Théologien; d'après Champagne. Folio.

952 Beauvau, René François, Archevêque; d'après Rigaud. Folio.

953 Bernard, Samuel, Conseiller d'Etât; d'après Rigaud. Folio. *Première Epreuve avant le titre de Conseiller d'Etât.*

954 Le même Portrait. *Seconde Epreuve.*

955 Bertin, Trésorier; d'après Rigaud. Folio. *Première Epreuve avant la lettre.*

956 Berwick, Jacques Duc de. Folio.

957 Bethune, Hippolithe, Evêque; d'après Rigaud. Folio.

958 Bignon, Jean Paul, Abbé; d'après Rigaud. Folio. 1707.

959 Bignon, Jean Paul, Abbé; d'après le même. Fol.

960 Boileau Despreaux, Nicolas; d'après De Piles. 4to.

961 Boileau Despreux, Nicolas; d'après Rigaud. Fol.

962 Bonne de Crequy, Duc de Lediguieres, Jean François Paul; d'après le même. 4to.

963 Bossuet, Jacques Benigne, Evêque; d'après le même. Folio.

964 Brianville, Onoré Fine de, Abbé; d'après le même. Folio.

965 Cotte, Robert, Conseiller; d'après le même. Fol

Nro. 966 **Courcillon, Philippe Marquis de Dangeau**; d'après le même. 4to. *Première et superbe Epreuve avant toute lettre.*

967 Le même Portrait. *Avec la lettre.*

968 **Couvay, Pierre N.**; d'après Tourniere. Folio.

969 **Couvreur, Adrienne Le**; d'après Coypel. Fol. *Superbe et première Epreuve.*

970 Le même Portrait. *Seconde Epreuve.*

971 **Delamet, Léonard, Théologien**; d'après Rigaud. Folio.

972 **Delpech, Jean Marquis de Mereville**; d'après Largilliere. Folio.

973 **Dodun, Charles Gaspard Marquis d'Herbault, Trésorier**; d'après Rigaud. Folio.

974 **Dubois, Guillaume, Cardinal**; d'après le même. Folio.

975 **Elisabeth Charlotte, Palatine du Rhin, Duchesse d'Orleans**; d'après le même. 8vo. *En travers.*

976 **Ernest-Auguste, Duc de Brunswic et Lunebourg.** Folio.

977 **Fay, Charles Jérôme de Cisternay Du**; d'après Rigaud. 8vo.

978 **Félibien, André, Ecuyer**; d'après Le Brun. 4to.

979 **Fleury, André Hercules, Cardinal De**; d'après Rigaud. Folio.

980 **Forest, Jean, Peintre**; d'après Largilliere. Folio. *Très belle Epreuve avant toute lettre.*

981 Le même Portrait. *Avec la lettre.*

982 **Fourey, Balthasar Henri, Docteur**; d'après Rigaud. Folio.

983 **François Louis de Bourbon, Prince de Conti**; d'après le même. Grande in-folio.

Nro. 984 Gasto de Rohan, Cardinal; d'après le même. Fol. *Première Epreuve.*

985 Gillet, Pierre, Procurateur; d'après le même. Fol.

986 Girardon, François, Peintre et Sculpteur; d'après Vivien. Folio.

987 Keller, Jean Balthasar; d'après Rigaud. Fol.

988 Lambert, Nicolas, Conseiller; d'après Largillière. Folio.

989 Lambert, Hélene; d'après le même. Folio.

990 Leopold I., Duc de Lorraine et de Bar; d'après Dupuy. Folio.

991 Lillienstedt, J. P.; d'après Schild. Folio.

992 Loo, Dom Arnoul de, Superieur; d'après Jouvenet. 4to.

993 Louis Alexandre de Bourbon, Comte de Toulouse; d'après Rigaud. Folio.

994 Louis Alexandre de Bourbon etc.; d'après le même. Folio.

995 Louis Henri de Bourbon, Prince de Condé; d'après Gober. Folio.

996 Louis Dauphin de France; d'après Rigaud. Fol.

997 Louis Dauphin de France, Duc de Bourgogne; d'après le même. Fol. *Superbe Epreuve avant les noms des artistes.*

998 Le même Portrait. *Avec les noms des artistes.*

999 Louis XV.; d'après le même. Grande in-folio.

1000 Louis le Grand; d'après le même. Grande in-folio.

1001 Ludovicus Dux Aurelianensium; d'après Coypel. 4to.

1002 Ludovicus Augustus Dei gratia Dombarum Princeps; d'après De Troy. 4to.

Nro. 1003 Ludovicus XV., Franciae et Navarrae Rex; d'après Rigaud. Folio.

1004 Ludovicus Augustus Borbonius Dux; d'après De Troy. Folio.

1005 Marthe, Dom Denys de Saint.; d'après Cazes. 4to.

1006 Milantier, Greffier; d'après Largilliere. Fol. *Avant la lettre.*

1007 Le même Portrait. *Avec la lettre.*

1008 Murrey, Thomas, Peintre; d'après Keneler. 4to. *Très belle Epreuve avant la lettre.*

1009 Marie, Souveraine de Neufchâtel; d'après Rigaud. Folio.

1010 Noailles, Louis Antoine, Cardinal; d'après le même. Folio.

1011 Peletier, Claude Le; d'après Mignard. Folio.

1012 Philippe V., Roi d'Espagne; d'après Rigaud. Folio.

1013 Portail, Antoine, Sénateur; d'après Tournier. Folio.

1014 Pucelle, René, Conseiller; d'après Rigaud. Folio. *Très belle Epreuve avant toute lettre.*

1015 Le même Portrait. *Avec la lettre.*

1016 Rigaud, Hiacinthe, Peintre; d'après lui même. Folio. *Première Epreuve non terminée et avant l'inscription.* 1701.

1017 Le même Portrait. *Avec l'inscription.*

1018 Rigaud, Hiacinthe, Peintre. Folio. *Superbe Epreuve avant toute lettre.* 1703.

1019 Le même Portrait. *Avec la lettre.*

1020 Salignac de la Mothe Fenelon, François, Archevêque; d'après Vivien. 4to. *Très belle Epreuve. Rare.*

Nro. 1021 Serre, Marie, Mère de Rigaud. Folio.

1022 Tressan, Louis, Archevêque de Rouen; d'après Vanloo. 4to.

1023 Troy, François, De Peintre; d'après lui même. Folio. *Superbe Epreuve avant toute lettre.*

1024 Villars, Louis Hector Duc de.; d'après Rigaud. Folio. *Très belle et première Epreuve avec neuf lignes de titre.*

DUCHANGE, GASPARD.

1025 Coypel, Antoine, Peintre; d'après lui même. Folio.

1026 Fosse, Charles de la, Peintre; d'après Rigaud. Folio.

1027 Girardon, François, Sculpteur; d'après le même. Folio.

1028 Le Gras, Mademoiselle, Superieure de la compagnie des filles de la Charité. 4to.

DUFLOS, CLAUDE.

1029 Antoine, Soeur Louise Thérèse de Saint. — Religieuse Carmelite. 8vo.

1030 Begon, Michel, Conseiller; d'après Rigaud. 4to.

1031 Berain, Jean, Dessinateur; d'après Vivier. Folio. *Superbe Epreuve avant toute lettre.*

1032 Le Clerc, Sebastien, Graveur. 4to.

1033 Cornelius, Georges. 4to.

1034 Gondy, Henri, Cardinal de Retz. 4to.

1035 Pierre-Vive, Marie Catherine; d'après Titien. 4to.

1036 Thierry, Dionis, Conseiller; d'après Ferdinand. Folio.

1037 Tronson, Louis, Superieur; d'après Guerey. 4to.

Nro. 1038 Valois, Adrien, Historiographe; d'après M e-relle. 4to.

1039 Voyer de Paulmy, Marc René; d'après R i-gaud. Folio. *Première et très belle Epreuve.*

1040 Le même Portrait. *Seconde Epreuve.*

DUNKARTON, ROBERT.

1041 Miss Horneck en Sultane assise; d'après R e y-nolds. Folio. *Avant la lettre.*

1042 Lady Philadelphia Wharton; d'après V a n D y c k. Folio.

DUNKER, BALTHASAR ANTOINE.

1043 Le monument d'Albrecht Haller. 4to.

DUPIN.

1044 Marmontel, J. F.; d'après C o c h i n. 8vo.

DUPONT, G.

1045 Rodney, Amiral; d'après G a i n s b o r o u g h. Grande in-folio.

DUPUIS, CHARLES.

1046 Couston, Nicolas, Sculpteur; d'après L e G r o s. Folio. *Première et superbe Epreuve avant toute lettre.*

1047 Le même Portrait. *Avec la lettre.*

1048 Henri de Lorraine, Duc de Guise; d'après D u-m o u t i e r. 8vo.

1049 Marchand, Louis, Organiste; d'après R o b e r t. 8vo.

1050 Perdrigeon, Marie Françoise, Epouse d'Etiénne Paul Boucher, en Vestale; d'après R a o u x. Fol.

1051 Puget, Pierre, Sculpteur. 8vo.

1052 Somis, Anne Antoinette, Epouse de Charles Vanloo; d'après V a n l o o. 8vo.

DUPUIS, NICOLAS.

Nro. 1053 Lemoine, J. B. le fils; d'après Cochin. 8vo.

1054 Le Normant de Tournehem, Charles François Paul, Conseiller; d'après Toquet. Folio.

1055 Wouwerman, Philippe, Peintre; d'après C. Vischer. Folio.

DÜRER, ALBERT.

1056 Albert de Mayence, vu de face. P. G. Vol. VII. pag. 110. Nro. 102. *Très belle Epreuve.*

1057 Albert de Mayence, vu de profil. Nro. 103. *Belle Epreuve.*

1058 Fréderic, Electeur de Saxe. Nro. 104. *Très belle Epreuve.*

1059 Philippe Mélanchton. Nro. 105. *Très belle Epreuve.*

1060 Bilibald Pirkheimer. Nro. 106. *Très belle Epreuve.*

1061 Erasme de Rotterdam. Nro. 107. *Ancienne et belle Epreuve.*

DYCK, ANTOINE VAN.

1062 Barro, Philippe dit le Roy. *Toute première Epreuve très rare et très belle.*

1063 Baro, Philippe le Roy. *Superbe Epreuve avant toute lettre et avant la chaine sous le manteau.*

1064 Le même Portrait. *Très belle Epreuve avec la lettre.*

1065 Breugel, Piérre. *Ancienne et belle Epreuve.*

1066 Breugel, Jean. *Toute première Epreuve avant le fond, rare et belle.*

1067 Le même Portrait. *Ancienne et belle Epreuve.*

1068 Erasmus Rotterdamus. *Ancienne et très belle Epreuve.*

Nro. 1069 Franck, François. *Toute première Epreuve avant la lettre. Très belle et rare.*

1070 Le même Portrait. *Très belle Epreuve avec la lettres. G. H. (Gilles Hendrix).*

1071 Le même Portrait. *Ancienne et belle Epreuve.*

1072 Momper, Judocus. *Ancienne et très belle Epreuve.*

1073 Noordt, Adam van. *Toute première Epreuve avant toute lettre, très belle et rare.*

1074 Le même Portrait. *Ancienne et belle Epreuve.*

1075 Paulus du Pont. *Ancienne et belle Epreuve avant quelques retouches sur les cheveux.*

1076 Le même Portrait. *Belle Epreuve avec quelques retouches.*

1077 Snellinx, Jean. *Ancienne et très belle Epreuve.*

1078 Snyders, François. *Toute première Epreuve. La tête seulement. Rare.*

1079 Suttermans, Justus. *Toute première Epreuve, avant toute lettre, très belle et rare.*

1080 Le même Portrait. *Ancienne et belle Epreuve, avec la lettre.*

1081 Vorstermans, Lucas. *Toute première Epreuve au fond blanc, très belle et rare.*

1082 Le même Portrait. *Ancienne et belle Epreuve.*

1083 Paulus de Vos. *Première Epreuve avec une seule ligne de titre, très belle.*

1084 Wael, Joannes de. *Première Epreuve avant la lettre, la main indiquée qu'au trait, très belle.*

1085 Le Titien considerant sa maitresse. *Première Epreuve avant l'adresse de Bon Enfant et avant les noms des artistes, très belle.*

EARLOM, RICHARD.

1086 Le Duc d'Arenberg; d'après Van Dyck. Grande in-folio. *Superbe Epreuve avant la lettre.*

Nro. 1087 Le même Portrait. *Avec la lettre.*

1088 Elliot, Général Baron Heathfield; d'après Reynolds. Folio.

1089 Helene Forman, femme de Rubens; d'après Rubens. Folio. *Superbe Epreuve, avant la lettre.*

1090 Kempenfelt, Richard, Amiral; d'après Kettle. Folio. *Très belle.*

1091 Wharton, Marchioness; d'après Lilly. Folio. *Très belle.*

EDELINCK, NICOLAS.

1092 Castiglione, Comte Balthasar; d'après Raphael. 4to. *Superbe Epreuve avant toute lettre, non terminée.*

1093 Le même Portrait. *Avec la lettre.*

1094 Jules de Medicis, Cardinal; d'après Raphael. 4to.

1095 Malebranche, Nicolas, Prêtre; d'après Santerre. 4to. *Première Epreuve.*

1096 Le même Portrait. *Epreuve posterieure.*

1097 Motte, Antoine Houdart De la; d'après Ranc. 4to.

1098 Philippe Duc d'Orleans; d'après Ranc. Grande in-folio.

1099 Rabutin Chantal, Marquise Marie de Sevigné; d'après Nanteuil. 8vo.

EDELINCK, JEAN.

1100 Morstin de Radzimin, Jean André, Comte et Senateur. 4to.

EDELINCK, GÉRARD.

1101 Arnauld, Robert, Seigneur d'Andilly; d'après Champagne. 4to. *Belle Epreuve signée par Mariette.*

Nro. 1102 Baugart, Martinus Van den, Sculpteur; d'après R i g a u d. Folio. *Très belle.*

1103 Berbier du Metz, Gedeon, Conseiller; d'après le même. Folio. *Très belle.*

1104 Bertin, Pierre Vincent; d'après C o y p e l. Fol.

1105 Berterius, Antonius Franciscus, Episcopus. 4to.

1106 Bignon, Jean Paul; d'après C a t h e r i n e d e l a R o u e. Folio.

1107 Blampignon, Nicolas, Pasteur; d'après V i v i e n. Folio.

1108 Blomaert, Abraham; 4to. *Très belle.*

1109 Bouc, Van. 4to.

1110 Le Brun, Charles, Peintre; d'après L a r g i l l i e r e. Folio. *Très belle.*

1111 Carcavy, Pierre; d'après T e t e l i n. Folio.

1112 Champagne, Philippe. *Première Epreuve. Rare et belle.*

1113 Coeffeteau, Nicolas, Evêque. 4to.

1114 Coetlogon, Louis Marcelle, Evêque. Folio.

1115 Colbert, Edouard Marquis de Villacerf; d'après M i g n a r d. Folio.

1116 Collot, Philippe, Operateur. 4to.

1117 Crispin, Comedien. Folio. *Très belle.*

1118 Denis, Charles de Saint. 8vo.

1119 Dilgerus, Nathanael. 4to.

1120 Dryden, John; d'après K n e l l e r. Folio.

1121 Dürer, Albert. 4to.

1122 Estrées, Caesar d', Cardinal; d'après T r o y e s. Folio.

1123 Fabert, Abraham, Maréchal de France. 4to.

1124 Fago, Guido Crescentius; d'après R i g a u d. 4to. *Très belle.*

1125 Le même Portrait. *Seconde Epreuve.*

Nro. 1126 Feuillet, N., Prêtre; d'après Compardel. Fol. *Très belle.*

1127 Flechier, Esprit, Evêque de Nismes; d'après Rigaud. 8vo.

1128 Fontaine, Jean De la; d'après le même. 4to. *Très belle Epreuve avant les changements dans le piédestal.*

1129 Le même Portrait. *Epreuve posterieure.*

1130 Forge, Gregoire de la; d'après Bouys. Folio.

1131 François de Medicis, Grand Duc de Toscane; d'après Rubens. Folio. *Très belle.*

1132 Jeanne d'Autriche, Grande Duchesse de Toscane; d'après le même. Folio. *Très belle.*

1133 Gherwidi, Evaristus; d'après Vivien. 8vo.

1134 Gobinet, Charles, Théologien, d'après Largilliere. Folio.

1135 Goltzius, Henri, Peintre. 4to.

1136 Gottvaldt, Christophorus, Physicien; d'après Stech. 4to.

1137 Gramont, Maréchal, Duc et Pair de France. 4to. *Très belle.*

1138 Herbelot, Barthelemi D', Intreprête des Langues orientales. 4to.

1139 Hozier, Charles D', Généalogiste et Conseiller; d'après Rigaud. Folio.

1140 Huetius, Pierre Daniel, Evêque; d'après Largilliere. Folio. *Très belle.*

1141 Jacques III., Roi d'Angleterre Prince de Galles; d'après Troyes. Folio.

1142 Kaunitz, Comte de.; d'après Cock. Folio.

1143 Lamoignon, Madeleine; d'après Seve. Folio.

1144 Laury, Remigius du; d'après Van Oost. Folio.

Nro. 1145 Leeuwen, van; d'après Boonen. Folio. *Très belle Epreuve avant l'inscription.*

1146 Leonard, Fréderic; d'après Rigaud. Folio.

1147 Lionne, Jules Paul de, Prieur; d'après Jouvenet. Folio. *Très belle.*

1148 Louis XIV., Roi de France. 8vo. *Très belle Epreuve avant toute lettre.*

1149 Le même Portrait. *Avec la lettre.*

1150 Louis Duc de Bourgogne; d'après Troye. Fol. *Première et superbe Epr. avant les armes terminées.*

1151 Le même Portrait. *Très belle Epreuve.*

1152 Saint Louis prosterné devant une croix; d'après Le Brun. Folio.

1153 Mansart, Jules Hardouin; d'après Vivien. Fol.

1154 Mansart, Jules Hardouin, d'après Rigaud. Folio.

1155 Mauleurier Langeron, George Paul; d'après De la Mare. Folio. *Très belle.*

1156 Montarsis, Pierre; d'après Coypel. 4to.

1157 Morant, Alexandre, Maitre de Requête; d'après Largilliere. *Très belle Epreuve avant la dedicace.*

1158 Le même Portrait. *Avec la dedicace.*

1159 Moreri, Louis; d'après Troye. 4to.

1160 Mouton, Charles, Musicien; d'après De Troy. Folio.

1161 Naenteuil, Robert, Graveur; d'après lui même. 4to.

1162 Neuville, François Duc de Villeroy; d'après Rigaud. Folio.

1163 Noailles, Jules Duc de, Pair de France; d'après le même. 4to.

1164 Pascal, Blaise. 4to.

Nro. 1165 Pelletier, Michel de Soury; d'après Van Oost. Folio. *Belle Epreuve avant la lettre.*

1166 Philippe V., Roi d'Espagne. 4to.

1167 Philippe Duc d'Anjou; d'après Troye. Folio.

1168 Quinault, Philippe. 4to.

1169 Racine, Jean. 4to.

1170 Rigaud, Hyacinthe, Peintre; d'après lui même. Folio. *Très belle.*

1171 Rabutin, Roger, Général; d'après Le Febure. 4to.

1172 Sadeler, Gilles. 4to.

1173 Santolius, Jean Baptiste; d'après Du Mée. Folio.

1174 Sarrazin, Jacques, Recteur de l'Académie de Peinture. 4to.

1175 Savary, Jacques; d'après Coypel. 4to.

1176 Savary, Math. Evêque; d'après Ferdinand. Folio. *Très belle.*

1177 Scaliger, Joseph. 4to.

1178 Schraderi, Daniel, Consul; d'après Stech. 4to. *Très belle.*

1179 Silvestre, Israel; d'après Le Brun. Folio.

1180 Sillery, Fabio Brulart, Evêque; d'après Rigaud. Folio.

1181 Simon, Pierre, Sculpteur; d'après Ernou. 4to.

1182 Tallemant, Paul, Prieur; d'après Coypel. Fol.

1183 Teissier, Eustache; d'après Bouys. Folio. *Très belle.*

1184 Tellier, Charles Maurice Le, Archevêque; d'après Mignard. Folio.

1185 Teniers, Abraham, Peintre; d'après lui même. 8vo. *Très belle.*

1186 Titien. 4to.

Nro. 1187 Tortebat, François, Peintre; d'après De Pille. Folio.

1188 Ulrica Eleonora Suecorum Regina. 4to. *Superbe et première Epreuve avant toute lettre. Très rare.*

1189 Le même Portrait. *Avec la lettre.*

1190 Vair Guillaume, Du. 4to.

1191 Varin, Jean, Tailleur des Monnoyes. 4to.

1192 Verien, Nicol., Graveur; d'après Jouvenay. 8vo.

EICHLER, M. G.

1193 Freudweiler, H.; d'après Lips. Folio.

1194 Gessner; d'après Graff. 4to.

ELLENRIEDER, MARIE.

1195 Ellenrieder, pére de l'artiste. 8vo.

ELSTRACKE, RENOLD.

1196 Sidney, Philippe. 8vo.

ERTINGER, FRANÇOIS.

1197 Perre, D. Pierre Van den, Evêque. 4to.

EZEKIEL, E. A.

1198 Patch, John, Surgeon of Exeter; d'après Opie. Folio. *Très belle.*

FABER, JEAN.

1199 Birch, Thomas; d'après Wills. Folio. *Très belle.*

1200 Burnet, Thomas, Master of the Charterhouse; d'après Kneller. Folio. *Très belle.*

1201 Cromwell, Olivar; d'après Lely. Folio.

1202 Elisabeth Reine d'Angleterre; d'après Holbein. Folio.

1203 Essex, Comtesse; d'après Kneller. Folio.

1204 Grafton, Duchesse; d'après le même. Folio.

1205 Haendel, George Fréderic; d'après Hudson. Fol.

Nro. 1206 Hals, Francis, jouant de la luthe, Peintre; d'après lui même. Folio. *Très belle.*

1207 Hardwicke, Philippe, Chancellier; d'après Hudson. Folio.

1208 Manchester, Duchesse; d'après Kneller. Fol.

1209 Midelton, Lady; d'après le même. Folio.

1210 Pope, Alexandre; d'après Vanloo. Folio.

1211 Rysbrack, Michel, Sculpteur; d'après Vanderbanc. 4to.

1212 Scott, Miss Mary Lillias; d'après Ramsay. 4to.

FACIUS, JEAN GOTTLIEB.

1213 Rubens; d'après lui même. 8vo. *Très belle.*

1214 Rubens wife; d'après Rubens. 8vo.

FAITHORNE, GUILLAUME.

1215 Faithorne gravé par lui-même. Petite in 8vo.

1216 Bayfeild, Robert. 8vo.

1217 Castro, Jean, Vice-Roi des Indes. 4to. *Très belle.*

1218 Farfax, Thomas, Général. 4to.

1219 Hobbes, Thomas. 4to.

1220 Sanderson, Guillaume; d'après Soumse. 4to. *Très belle.*

1221 Spelmann, Henri. 4to.

FALCK, JEREMIE.

1222 Adolph, Jean Comte, Palatin du Rhin. Folio. *Très belle.*

1223 Blaeu, Guillaume. 4to. *Très belle.*

1224 Charles Gustave, Prince de Suède. Folio.

1225 Christine, Reine de Suède; d'après Beck. 4to.

1226 Christine Reine de Suède, représentée en Pallas. Folio.

1227 Dilgerus, Daniel; d'après Wagener. Folio. *Très belle.*

1228 Duglaes, Rupert, Général. Folio. *Très belle.*
1229 Fréderic, Duc de Holstein. 4to. *Très belle.*
1230 Fréderic Guillaume de Brandebourg. Folio.
1231 Fréderic III., Duc de Holstein. Folio. *Très belle.*
1232 Gardie, Pontus de la, Général. Folio.
1233 Gardie, Gabriel de la, Général. Folio.
1234 Gardie, Jacques de la, Général. Folio. *Très belle.*
1235 Hammerstein, Général; d'après Beck. Folio.
1236 Horn, Gustav, Maréchal. 4to.
1237 Königsmarck, Jean Christophe, Maréchal. 4to. *Très belle.*
1238 Lillio, Axel, Senateur. Folio.
1239 Louis XIII., Roi de France. Folio.
1240 Annae, Reine de France. Folio.
1241 Mochengerus; d'après Boy. 4to.
1242 Müller, Jean, Théologien; d'après Dittmaers. Folio. *Très belle.*
1243 Oxenstierna, Axel, Comte. Folio. *Très belle.*
1244 Radzieiowski, Jérôme, Chancellier; d'après Munnich-houen. Folio. *Très belle.*
1245 Schack, Jean; d'après Van Mander. 4to. *Très belle Epreuve, signée par Mariette.*
1246 Spigelius, Adrien. 4to. *Très belle Epreuve, signée par Mariette.*
1247 Torstenson, Léonard; d'après Beck. 4to.
1248 Willenberg, Alfred, Senateur. Folio. *Très belle.*
1249 Woldenberg, Chrétien; d'après Neys. 4to. *Très belle.*

FALDONI, JEAN ANTOINE.

1250 Ricci, Marcus, Peintre. Folio.
1251 Ricci, Sebastien, Peintre. 4to. *Premiere Epr.*
1252 Le même Portrait. *Seconde Epreuve.*
1253 Sagredo, Zacharias. Folio.

Nro. 1254 Zanetti, Antoine Marie; d'après Carriera. 4to. *Très belle.*

FARJAT, BENOIT.

1255 Noris, Henri, Cardinal. 8vo.

FEBURE, VALINTIN LE.

1256 Patin, Charles, Medecin. 4to. *Tres belle.*

FERDINAND, LOUIS.

1257 Poussin, Nicolas, Peintre. 4to.

FICQUET, ETIENNE.

1258 Ariosto, Lodovico; d'après Titien. 8vo.
1259 Aubigné, Marquise de Maintenon Françoise; d'après Mignard. 8vo.
1260 Balue, Jean, Cardinal; d'après Robert. 8vo.
1261 Bernier, Nicolas, Musicien. 8vo.
1262 Bernouilli, Jean, Mathematicien; d'après Ruber. 8vo.
1263 Brousel, Pierre, Conseiller. 8vo.
1264 Chabannes, Antoine, Comte de Dammartin; d'après Robert. 8vo.
1265 Charles XII., Roi de Suède. 8vo.
1266 Charles Fréderic III., Roi de Prusse. 8vo.
1267 Chenneviere. 8vo. *Première et très belle Epreuve. Rare.*
1268 Corneille, Pierre; d'après Le Brun. 8vo.
1269 Courayer, Pierre, Bibliothèquaire. 8vo.
1270 Crebillon, Jollot; d'après Aved. 8vo.
1271 Descartes, René; d'après Hals. 8vo.
1272 Fagon, Guy Crescent, Medecin; d'après Rigaud. 8vo.
1273 Farnese Alexandre, Duc de Parme. 8vo.
1274 Lanfranc, Chirurgien. 8vo.

Nro. 1275 Maimbourg, Louis, Jésuite; d'après Nivellon. 8vo.

1276 Mairan, Jean Jacques Dortous; d'après Toquet. 4to.

1277 Moliere, Poquelin; d'après Coypel. 8vo.

1278 Montagne, Michel; d'après Dumonstier. 8vo.

1279 Mothe, Dela, Le Vayer; d'après Nanteuil. 8vo.

1280 Ossat, Arnaud D'. Cardinal. 8vo.

1281 Paré, Ambroise, Chirurgien. 8vo.

1282 Regnard, Jean François; d'après Rigaud. 8vo.

1283 Rigaud, Hyacinthe, Peintre et Sculpteur; d'après lui même. 8vo.

1284 Rousseau, Jean Jacques, d'après De la Tour. 8vo.

1285 Scorraille de Rousille, Marie Angelique, Duchesse de Fontanges. 8vo.

1286 Vavasseur, Guillaume, Chirurgien. 8vo.

FIESINGER, G.

1287 Desaix, Général; d'après Guerin. 4to.

1288 Kleber; d'après le même. 4to.

1289 T. K.; d'après Grassi. 4to.

1290 Massena; d'après Bonne-maison. 4to.

FILLOEUL, GILB.

1291 Boutillier de Rancé, Armandus Joannes, Abbas B. Mariae de Trappa; d'après Rigaud. 4to.

FINLAYSON, J.

1292 Conventry, Maria Countess; d'après Read. Fol.

FISCHER, JOSEPH.

1293 Czerniczeff, Comte Jean Gregoriewicz. Folio.

1294 Fischer, Joseph, Graveur. 4to. — Le même Portrait. *Première Epreuve non terminée.* Deux Estampes.

Nro. 1295 Magnis, Comte François Antoine; d'après A b e l. Folio. *Première et très belle Epreuve.*

1296 Le même Portrait. *Seconde Epreuve.* — Wrbna de Freidenthal, Comte Eugène. 4to. Deux Estampes.

FISHER, EDOUARD.

1297 Bunbury, Lady Sarah, sacrifiant aux graces; d'après R e y n o l d s. Folio. *Pièce capitale du peintre et du Graveur.*

1298 Keppel, Lady Elisabeth, faisant une offrande à l'Hymen; d'après R e y n o l d s. Folio. *Pièce capitale du peintre et du graveur, faisant le pendant au précédent.*

1299 Cardiff, John, Lord-Lieutenant; d'après le même. Folio.

1300 Sterne Laurence; d'après R e y n o l d s. Folio. *Très belle.*

FITTLER, JAMES.

1301 Blackett, Walter; d'après R e y n o l d s. 4to.

1302 West, Benjamin; d'après H a r l o w. Folio. *Superbe Epreuve sur papier des Indes.*

FLEISCHMANN.

1303 Wellington. 8vo.

FLEURE, NIC. GUILL. LA.

1304 La Fleure (A Flore), Nicolas Guillaume. Dessinée et gravée à l'eau forte par lui même. 4to. *Très belle et rare.*

FLIPART, JEAN JACQUES.

1305 Dumont le Romain, Jacques, Peintre; d'après D e l a T o u r. Folio.

1306 Geruze, Jean, Peintre; d'après lui même. 4to. *Epreuve d'essai.*

Nro. 1307 Le même Portrait. *Epreuve finie.*

FOKKE, SIMON.

1308 Pars, Adrien Haga-Bat. 8vo.

FOLIN, BARTH.

1309 Poniatowski, Stanislaus Ciolek; d'après Bacciarelli. 4to.

FOLKEMA, JACQUES.

1310 Jacoba Hertogin van Beyeren, Gravin van Holland; d'après Mostert. Folio.

FOLO, JEAN.

1311 Le Brun Parisina, Virginia; d'après Tofanelli. 4to.

FONTANA, PIETRO.

1312 Perugino, Pietro; d'après Raphael. 4to.

FORSTER, F.

1313 Dürer, Albrecht; d'après lui même. 4to. *Première et superbe Epreuve avec la lettre tracée.*

1314 Fréderic Guillaume III., Roi de Prusse; d'après Gerard. Folio. *Très belle.*

FOSSEYEUX, J. B.

1315 Corter, Fernand; d'après Diego Velasquez. Folio. *Très belle.*

FOWLER, H.

1316 Caroline, Duchesse de Marlborough; d'après Reynolds. Folio.

FRANCO, GIACOMO.

1317 Fabritio Caroso da Sermoneta. 4to. *Très belle.*

FRANÇOIS, JEAN CHARLES.

1318 Quesnay, François, Medecin; d'après Fredou. Folio. *Très belle.*

FRATREL, JOSEPH.

1319 Cappau, Calcius. 8vo.

Nro. 1320 Hubens, Egide Jacques Jos. J., Baron. 4to.
1321 Krahe Lambert, Directeur de la galerie de Düsseldorf. 8vo.

FREIDHOF, J. J.

1322 Humboldt, A. von; d'après W e i t s c h. Folio.
1323 Pestalozzi, H.; d'après S c h o e n e r. 4to. *Première et très belle Epreuve, la lettre tracée.*
1324 Leopold I., Prince d'Anhalt Dessau; d'après P e s n e. Grande in-folio. *Superbe Epreuve avant la lettre.*
1325 Le même Portrait. *Avec la lettre.*

FREY, JACQUES.

1326 Clemens XII., Pape; d'après M a s s u c c i. Fol.
1327 Clementine, Reine d'Angleterre. Folio.
1328 Elzheimer, Adam, Peintre; d'après F e r e t t i. 4to. *Avant la lettre.*
1329 Le même Portrait. *Avec la lettre.*
1330 Innocent XIII., Pape; d'après M a s s u c c i. Folio.
1331 Maratte, Charles; d'après lui-même. Folio.
1332 Benedict XIII., Pape; d'après M a s s u c c i. Fol.

FREY, J. DE.

1333 Dalen, Corneille van; d'après lui même. Gravée à l'eau forte. 4to.
1334 Dou, Gerard; d'après lui même. 4to.
1335 Tromp, Martin Harperts; d'après L i v e n s. 4to.

FRIDY, H.

1336 Joachim II., de Brandebourg. 8vo.
1337 Schrader, Ludolph, Docteur. 8vo. *Rare.*

FRITSCH, C. F.

1338 Charles XII., Roi de Suède. 4to.
1339 Haen, Abraham; d'après Q u i n k h a r d. 4to. *Très belle.*

FRUYTIERS, PHILIPPE.

Nro. 1340 Edelherr, Jacques. Folio.

1341 Hedwige Eleonore, Reine de Suède. 4to. *Très belle Epreuve avant la lettre.*

1342 Wendelini, Godefroy. 4to.

FRYE, T.

1343 Portrait de l'artiste même. Gravée en manière noire. Folio. *Avant la lettre.*

FURSTENBERGH, THÈODORE GASPARD A.

1344 Leopold Guillaume, Archiduc d'Autriche. 8vo. *Pièce très rare.*

GAILLARD, ROBERT.

1345 Armand de Schomberg, Fréderic; d'après Kneller. 8vo.

1346 Bertin, Henri Léonard Jean Baptiste, Ministre; d'après Roslin. Folio.

1347 Cotton, Pierre, Jésuite. 8vo.

1348 Galilée; d'après Gérard Dou. 4to.

1349 Galitzin, Catherine Princesse; d'après Vanloo. 4to.

1350 Grandjean, Guillaume; d'après Deshays. 4to.

1351 Ludovica Ulrica, Frederici Wilhelmi Borussiae Regis Filia; d'après Latinville. Folio.

1352 Mabillon, Dom Jean, Benedictin. 8vo.

1353 Mendoca, Diego; d'apres Debrie. Folio.

1354 Nain, Sebastien Le. 8vo.

1355 Oxenstierna, Axel. 8vo.

1356 Potier de Gesures, Etienne René, Cardinal; d'après Patoni. Folio.

1357 Quirini, Ange Marie, Cardinal; d'après Pitteri. 8vo.

1358 Racine, Louis. 8vo.

GALLE, CORNEILLE.

Nro. 1359 Chifletio, Joanni Jacobo; d'après Van der Horst. 4to. *Très belle.*

1360 Henrica Lotharingiae Principessa Phalseburgae; d'après Van Dyck. 4to. *Très belle et première Epreuve avec le nom de Meysens.*

1361 Leopold Guillaume, Archiduc d'Autriche. 4to. *Très belle.*

1362 Moretus, Balthasar, Typographe; d'après Quellinius. 4to.

1363 Taie, Engelbert; d'après Van Dyck. 4to. *Tres belle et première Epreuve avec le nom de Meysens.*

1364 Tour, Lamoraldus Claud. Franciscus De la, Général; d'après Van den Horst. Folio. *Superbe Epreuve, signée par Mariette.*

1365 Wolfart, Artus; d'après Van Dyck. 4to. *Très belle.*

GARAVAGLIA.

1366 Muratori. *Très belle Epreuve avant toute lettre.*

GATTI, OLIVIER.

1367 Fabius Albergatus. 8vo. *Signée par Mariette.*

GAUCHER, C. S.

1368 Baif, Jean Antoine. Petite in 8vo.

1369 Barry, Madame la Comtesse Du; d'après Drouais. 8vo.

1370 Cailhava, Jean; d'après Pujos. 8vo.

1371 Gustave III., Roi de Suède; d'après Roslin. 8vo.

1372 Paty, Charles Marg. Jean Bapt. Du, Président; d'après Notte. 4to.

1373 Rochefoucauld; François Duc De la; d'après Petitot. Petite in 8vo.

Nro. 1374 Vergennes, Comte; d'après Callet. 8vo. *Très belle.*

GAULTIER, LÉONARD.

1375 Framboisiere, Nicolas Abraham, Medecin. 8vo.
1376 Gamache, Philippe, Théologien. 4to. *Très belle.*
1377 Mornay, Philippe. 4to.
1378 Stroza, Kyriacus. 4to.

GAYWOOD, ROBERT.

1379 Lemon, Marguerite; d'après Van Eyck. 4to. *Très belle.*
1380 Rubens; d'après Van Dyck. 4to.

GEIGER, ANDRE.

1381 Bellegarde, née Berlichingen, Comtesse Auguste; d'après Füger. Folio. *Très belle.*

GEORGIUS, JEAN.

1382 Ferrarius, Octavius, Théologien. 8vo.

GHEYN, JACQUES DE.

1383 Brahe, Tychon. Petite in-quarto. *Très belle.* Collée.
1384 Clusius, Carolus. 4to.
1385 Gorlaeus. 4to. *Très belle.*
1386 Paleologus, Empereur. 8vo. *Très belle.*

GHISI, GEORGE.

1387 Michel-Ange Bonaroti. P. G. Vol. XV. pag. 414. Nro. 71. *Très belle.*

GIACONY, VINCENT.

1388 Manino, Louis; d'après Castelli. Folio.

GIFFART, PIERRE.

1389 Maintenon, Françoise d'Aubigny, Marquise. Fol.

GMELIN, W. F.

1390 Joseph II., Empereur Romain; d'après Hickel. 4to.

GODBY, JAMES.

Nro. 1391 Herschel; d'après Rehberg. 4to. *Très belle.*

GODEFROY, F.

1392 Maury, Jean Sifrein, Predicateur; d'après Agessi. Folio.

GOLDING, RICHARD.

1393 Hammersley, Thomas; d'après Hamilton. Folio. *Première et superbe Epreuve sur papier des Indes.*

GOLE, JEAN.

1394 Louis Prince de Bade; d'après Rigaud. 4to.

1395 Beaulieu, Frater Jacques. 4to.

1396 Becker, Balthasar. 4to.

1397 Kara Mustapha, Bassa. Folio.

1398 Ostade, Adrien van; d'après Dusart. 4to.

GOLTZIUS, HENRI.

1399 Boll, Jean, Peintre. P. G. Vol. III. pag. 48. Nro. 161. *Très belle.*

1400 Cornhert, Theodor. Nro. 164. *Très belle.*

1401 Françoise d'Egmont. Nro. 168. *Très belle avant l'adresse de Herman Adolfz.*

1402 Le même Portrait. Nro. 168. *Très belle Epreuve avec l'adresse.*

1403 Forestus, Pierre. Nro. 169.

1404 Galle, Philippe. Nro. 170. *Belle Epreuve, avant la lettre. Très rare.*

1405 Le même Portrait. *Avec la lettre.*

1406 Goltzius, Henri. Nro. 172. *Epreuve très belle et très rare, avant le nom Hendric Goltius.*

1407 Henri IV., Roi de France. Nro. 173.

1408 Autre Portrait du même. Nro. 174.

Nro. 1409 Leycestre, Robert. Nro. 175. *Superbe Epreuve sur papier des Indes. Rare.*

1410 Mercator, Gerard. Nro. 476.

1411 Nicquet. Nro. 477.

1412 Plantin, Christophe. Nro. 481.

1413 Rantzau, Henri. Nro. 182. *Très belle.*

1414 Zurenus, Jean. Nro. 189. *Première et belle Epr. avant les armes.*

1415 Le même Portrait. *Seconde Epreuve.*

1416 Le chien de Goltzius. Nro. 190. *Très belle.*

1417 Daventer, Nicolas. Nro. 205.

1418 N. De la Faille. Nro. 212. *Très belle.*

1419 L'épouse du précédent. Nro. 213. *Très belle.*

GOUTSBLOEM, CORNEILLE.

1420 Tromp, Corneille, Amiral; d'après Eeckhout. Folio.

GOYA, D. FRANÇOIS.

1421 D. Baltasar Carlos Principe de Espana; d'après Velasquez. 4to. Gravée à l'eau forte. *Belle et rare.*

1422 D. Isabel de Borbon, Reyna de Espana; d'après le même. 4to. *Belle et rare.*

GRAFF, ANTOINE.

1423 Graff, Antoine. 8vo. *Première Epreuve à l'eau forte pure.* — Basse. 8vo. — Sulzer, Jean Georges. 8vo. *Première Epreuve avant le nom de l'artiste.* Trois Estampes.

GREEN, VALENTIN.

1424 Green, Valentin; d'après Abbolt. Folio. *Très belle Epreuve.*

1425 Bridport, Alexandre, Amiral; d'après le même. Fol.

1426 Campbell, Miss; d'après Reynolds. Folio.

Nro. 1427 Chatham, John Earl of, Président; d'après H o p p n e r. 4to. *Très belle.*

1428 Cosway, Mistress. Folio.

1429 Cumberland, Richard; d'après R o m n e y. Fol. *Très belle.*

1430 Danvers Earl of Danby, Henry; d'après V a n D y c k. Folio. *Très belle.*

1431 Delmé Elisabeth avec ses deux enfans; d'après R e y n o l d s. Fol. *Très belle Epr. avant la lettre.*

1432 Georgiana, Duchess of Devonshire; d'après le même. Folio.

1433 Georgiana, Duchess of Devonshire, en Cynthie dans les nues; d'après M a r i e C o s w a y. Folio.

1434 Dobson's father; d'après D o b s o n. 8vo.

1435 Garrick, David, avec le buste de Shakespeare; d'après G a i n s b o r o u g h. Grande in-folio.

1436 Harcourt, George Simon Vicount Nuneham; d'après G a r d n e r. 4to.

1437 Hemsterhuys, Tiberius; d'après P a l t h e. 4to.

1438 Newbattle and Lady Betty Kar. 8vo.

1439 Smyth, Edward; d'après B a r b o n. Folio. *Très belle Epreuve avant la lettre.*

1440 Townshend, Anne Vicomtesse; d'après R e y n o l d s. Folio. *Avant la lettre.*

1441 West, Benjamin and his son Robert; d'après lui même. 4to.

1442 Peter Wild Boy; d'après F a l c o n e t. Folio. *Très belle Epreuve.*

GREENWOOD, JEAN.

1443 Rembrandt's father; d'après R e m b r a n d t. 4to. *Très belle.*

GREUTER, FRÉDERIC.

1444 Marinus, Jean Baptiste; d'après V o u e t. 8vo.

GRIGNON, JACQUES.

Nro. 1445 Adolph Jean Comte Palatin du Rhin; d'après Klöökcr. 4to.

1446 Bourel, François; d'après Le Febure. Folio.

1447 Bureau, Jean, Maire de Bourdeaux. Folio.

1448 Malier, François, Archevêque; d'après Le Maire. Folio.

1449 Neufuille, Catherine. 4to.

1450 Vendome, Cesar Duc; d'après Chauveau. Fol. *Très belle.*

GRIMM, LOUIS EMIL.

1451 Bock, Wolfgang, Missionaire. 4to. *Très belle.*

1452 Müller, Fréderic, Peintre. 8vo.

GUISAN, C.

1453 Cipriani, Laurent; d'après Violet. 4to. *Très belle Epreuve avant la lettre.*

1454 Le même Portrait. *Avec la lettre.*

GUNST, PIERRE VAN.

1455 Bourignon, Antoinette. 8vo.

1456 Charles XI., Roi de Suède. Folio. *Très belle Epreuve avant toute lettre.*

1457 Ulrica Eleonora, Reine de Suède. Folio. *Très belle Epreuve avant toute lettre.*

1458 Jane Daughter and Heiress of Arthur Goodwin; d'après Van Dyck. Folio.

1459 Leopoldus I., Romanorum Imperator. Folio. *Très belle.*

1460 Ludovicus Delphinus. Folio. *Très belle.*

1461 Ludovicus Magnus. Folio. *Très belle.*

1462 Marlborough, Duc Jean de Curchill; d'après Vanderwerff. Folio.

Nro. 1463 D'Outrein, Jean, Professeur; d'après Boonen. Folio. *Très belle.*

1464 Pitiscus, Samuel; d'après Hoet. Folio.

1465 Saportas, Yahacob, Rabin. Folio.

GUTEMBERG, HENRI.

1466 Rembrandt; d'après lui même. 4to.

GUTTENBERG, CHARLES.

1467 Nicolaï, L. H.; d'après Viollier. 8vo.

Imprimé chez J. P. Sollinger.

www.ingramcontent.com/pod-product-compliance
Ingram Content Group UK Ltd.
Pitfield, Milton Keynes, MK11 3LW, UK
UKHW021105270726
13993UKWH00006B/1018

9 782329 215839